Rezando el Rosario Anglicano
Oraciones Tranquilas para la Vida Cotidiana

William Ingle-Gillis

Texano Cymru Books

Todas las adaptaciones o los arreglos del material de dominio público contenidos en este libro están protegidos por derechos de autor © por William Ingle-Gillis y no pueden reproducirse de ninguna forma sin el permiso escrito del editor o autor, salvo lo permitido por las leyes de derechos de autor en EE.UU. Todos los derechos reservados en todo el mundo.

La reproducción sin fines de lucro para servicios de la iglesia, grupos de oración, o publicaciones eclesiásticas (por ejemplo, boletines informativos o hojas de lectura) está permitida.

ISBN-13: 978-1-965232-02-6 (tapa blanda)

ISBN-13: 978-1-965232-03-3 (ebook)

Los textos empleados en este libro son tomados de fuentes de dominio público, siempre que sea posible.

Las citas de las escrituras, a menos que se indique lo contrario, son tomadas de la Santa Biblia Libre para el Mundo, que es de dominio público. «Santa Biblia Libre para el Mundo» es una marca comercial que identifica únicamente copias fieles de la versión publicada en *eBible.org*. Los pasajes con enmiendas a la SBLM están claramente marcados, excepto aquellos que cambian el uso del español continental al español latinoamericano. El autor no garantiza que cualquier texto, marcado o sin marcar, cumpla con los requisitos para ser denominado «Santa Biblia Libre para el Mundo».

La mayoría del contenido litúrgico está tomado de la Iglesia Episcopal, *El Libro de Oración Común* (Nueva York: The National Council), 1928, traducido a español en 1930, que es de dominio público. Otro contenido está tomado de la versión original en inglés de la Iglesia Episcopal, *The Book of Common Prayer* (Nueva York: Church Publishing), 1979, y ha sido traducido por el autor. La versión en inglés es de dominio público. Unas pocas oraciones se encuentran en el *Libro de Oración Común*, 1662, traducido a español en 1852, de dominio público.

Algún contenido está tomado de la Iglesia Episcopal, *El Libro de Oración Común* (Nueva York: Church Publishing), 1979, traducido a español en 2022. Este material está protegido por derechos de autor © 2022 Domestic and Foreign Missionary Society of the Protestant Episcopal Church. Usado con permiso. Todos los derechos reservados.

Una oración utiliza material de la obra musical de James Healey Willan, *The Reproaches* (Londres: Novello & Co.), 1912, de dominio público. Otras pocas oraciones se toman de himnos ingleses bien conocidos y también de dominio público.

Los siguientes símbolos se usan en todo el libro para identificar las fuentes:

✠ Santa Biblia Libre para el Mundo
※ Versión Reina Valera, 1909
⌑ *El Libro de Oración Común*, 1928, tr. 1930 (español)
◊ *The Book of Common Prayer*, 1979 (inglés)
♦ *El Libro de Oración Común*, 1979, tr. 2022 (español)
§ *El Libro de Oración Común*, 1662, tr. 1852 (español)
† Texto modificado por el autor
‡ Texto traducido del inglés por el autor

*A Jesús G.,
un profesor extraordinario,
con mi profundo agradecimiento
y mi gran cariño.*

Índice

Acerca del Rosario Anglicano	1
Cómo Rezar con las Cuentas Anglicanas	6
Las Oraciones Centrales	10
El Oficio Diario	16
Oraciones Estacionales	42
Festividades y Ayunos Móviles	76
Festividades Fijas	94
Intenciones e Intercesiones	112
Acerca del Autor	173

Acerca del Rosario Anglicano

Algo Familiar,
Algo Fresco,
Algo para el Espíritu

Algo Familiar

¿Familiar? Pues, tal vez. O tal vez no. Esto probablemente depende de dónde vienes. Al fin de cuentas, se espera que este libro tenga algo de valor no solo para la comunidad anglicana, sino también para los cristianos de muchas tradiciones... o para los que simplemente están explorando. Todos son bienvenidos e invitados a «probar y ver».

La oración con cuentas, en verdad, no ha creado mucho espacio visible para sí en la gama normal de la espiritualidad anglicana (aunque, sin duda, la oración con el rosario católico ha existido en ciertos círculos anglo-católicos desde hace mucho, mucho tiempo). De hecho, la versión anglicana del rosario para la cual este libro fue escrito y estas oraciones fueron desarrolladas se produjo solo a finales del siglo XX.

Sin embargo, la repetición de oraciones y cánticos tiene raíces profundas en la práctica monástica de los primeros cristianos — se usaban guijarros para este propósito — y, en efecto, encontramos prácticas análogas en la mayoría de las tradiciones religiosas por todo el mundo. (Tradiciones de oración con cuentas o con cuerdas anudadas se encuentran en el budismo, hinduismo, islam, shinto, baha'i, por nombrar algunas.) Es de aquellas tradiciones venerables que los cristianos del oeste finalmente desarrollaron el rosario que se encuentra en la Iglesia Católica, y las iglesias del este desarrollaron la cuerda de oración de los ortodoxos. Ahora ambos tienen siglos de edad.

La inspiración del rosario anglicano se encuentra en ambas formas, la del oeste y la del este, y tal vez también en la menos conocida cuerda Paternoster; este trasfondo se refleja en la forma y el número de las cuentas, y en la práctica misma. En otras palabras, aunque traemos nuestro propio simbolismo — explico más en el próximo capítulo — el rosario anglicano no simplemente empezó de cero, sino que emerge de un patrimonio que precede a la Iglesia de Inglaterra como entidad autónoma, pero que el anglicanismo siempre ha reclamado para sí mismo, y que queda como una parte vital de nuestra herencia.

Entonces, si por una parte estás acostumbrado a rezar con cuentas en general, la experiencia con estas cuentas específicas te será familiar y reconocible al instante. El principio es el mismo: una repetición de oraciones simples y de las escrituras, con el fin de abrirnos a la presencia de Dios y su obra en los patrones y en los silencios.

Por otra parte, si no tienes ninguna experiencia con este tipo de oración — y tal vez muchas personas de las tradiciones anglicanas o protestantes no la tengan — en efecto, es posible que tengan un poco de desconfianza — puedes asegurarte de que la práctica es fácil de aprender y que puede adaptarse para funcionar con una variedad de prácticas y pensamientos espirituales.

Algo Fresco

Para los que tienen experiencia previa con la oración con cuentas, lo que distingue al rosario anglicano es que las oraciones son especialmente flexibles. El rosario católico se asocia famosamente con el Ave María, desde luego; y la cuerda de oración de los ortodoxos, menos conocida por los cristianos del oeste, se basa en repeticiones de la Oración de Jesús («Señor Jesucristo, Hijo de

Dios, ten piedad de mí, que soy un/a pecador/a»). En comparación, el rosario anglicano no tiene ningún conjunto específico de oraciones que se prescribe.

Eso no quiere decir que las cuentas católicas o ortodoxas no puedan usarse de manera más flexible. Por supuesto que pueden. Ni significa que las Ave Marías y las Oraciones de Jesús tradicionales no puedan rezarse con el rosario anglicano. Por supuesto que pueden (y, de hecho, el primer conjunto de oraciones en este libro te mostrará cómo hacerlo). Sin embargo, mientras que los otros dos se asocian de manera profunda con tradiciones y oraciones particulares, y ha sido así durante siglos, esto simplemente no es lo que ocurre con el rosario anglicano. En este sentido, la flexibilidad y la experimentación con las oraciones son directamente incorporadas en el espíritu del rosario anglicano, y así podemos descubrir algo fresco.

La tradición anglicana en general siempre ha concedido gran importancia a la oración común y pública como la raíz de su espiritualidad — la Oración Matutina o Vespertina coral, bien ejecutada, siendo tal vez el ejemplo más característico y distintivo. En este sentido, aunque no hay ninguna oración singular que equivalga al Ave María o la Oración de Jesús como la oración definitiva para el rosario anglicano, lo que tenemos en el Oficio Diario (*i.e.*, Oración Matutina, Oración Vespertina y otras) provee potencialmente un buen punto de partida. La idea es sacar algo de valor de las riquezas de nuestra bien conocida tradición litúrgica y su carácter, usando palabras bien amadas y reconfortantes del *Libro de Oración Común*, para crear de manera diferente un espacio para buscar un encuentro más profundo con Dios.

Desde este punto, podemos encontrar muchos otros puntos de partida. Podemos quedarnos con las palabras muy amadas («Señor, ábrenos los labios...»), o explorar las palabras de las escrituras del domingo («Porque tanto amó Dios al mundo...»), o los Salmos («El Señor es mi pastor...»), o las oraciones famosas de los santos y las santas («Señor, hazme un instrumento de tu paz...»). Podemos rezar junto con el calendario eclesiástico y sus temporadas, y en este contexto bucear a las profundidades, a través del tiempo, de los ritmos del año eclesiástico. Podemos ofrecer oraciones especiales para celebrar a los santos y santas o para conmemorar las festividades o los ayunos de la iglesia. O podemos encomendar por nombre a nuestros amados, vivientes y muertos, al cuidado del Dios que los creó.

Las posibilidades son infinitas… pero si no sabes cómo o dónde comenzar, no te preocupes: podemos rezar juntos. De eso se trata este libro.

Algo para el Espíritu

La Oración con cuentas es, en última instancia, un tipo de meditación. Cuando rezamos las palabras en repetición, se nos presenta una oportunidad para reflexionar o para sentarnos con nuestras oraciones a una profundidad creciente. Esta es la verdad central de cualquier tipo de rosario o cuerda de oración con el que te hayas encontrado, y esta es la verdad que crea la profundidad de devoción personal que quizá has presenciado en las tradiciones que han abrazado tal oración a lo largo de los siglos.

Desde luego, hay otros tipos de meditación y contemplación que, de manera similar, extraen algo de las riquezas de la tradición cristiana para crear el tiempo y el espacio — un refugio de tranquilidad y santidad — en medio de nuestras vidas muy ocupadas. La *Lectio divina*, por ejemplo, es una práctica que nos invita a leer las escrituras lentamente y con intención, escuchando el impulso de Dios en cada palabra; es decir, leer no para estudiar sino para *oír*, comprender y sentir la voz divina. De manera similar, la contemplación imaginativa proporciona al buscador un método para situarse en las historias de las escrituras y así descubrir lo que Dios obra en él o ella a través de la historia misma.

El rosario anglicano es capaz de aprovechar un poco de todos esos métodos (y seguramente de otros), dependiendo del conjunto específico de oraciones, en un grado u otro. Usado con el Ave María o la Oración a Jesús, la experiencia puede parecerte un eco de los rosarios en los que se basa. Usado para orar el Oficio Diario, puede ser reconfortante y arraigarte en las oraciones familiares mientras contemplas la presencia de Dios a lo largo del día. Usado para rezar con las escrituras, puede que encuentres un ritmo santo en las palabras antiguas de los profetas y los Evangelios mientras escuchas la voz de Dios en tu corazón; o puede que encuentres las palabras pronunciadas por Cristo a sus discípulos hablando ahora a ti.

Explicar el trasfondo y los posibles tipos de oración está bien, pero al fin y al cabo, ninguna cantidad de desglosar es suficiente para dar al lector una verdadera comprensión de cómo es la oración meditativa en realidad. Las oraciones de este tipo deben hacerse para ser comprendidas realmente, y deben experimentarse antes de que puedan ser conocidas en verdad. Solo entonces podrás ver si esta práctica se ajusta a tu espiritualidad personal o no. (Y, por cierto, no hay ninguna vergüenza si no.)

Así que este libro no está diseñado para instruir a nadie en los principios de la oración ni para analizar una espiritualidad, sino para que podamos rezar realmente. Después del próximo capítulo, que te mostrará cómo funcionan los patrones de la oración con el rosario, el resto consiste simplemente en oraciones para rezar en la vida cotidiana.

Se espera que los individuos que recen en solitario y los grupos que recen juntos encuentren una variedad de opciones: oraciones de estilo tradicional, oraciones en lenguaje característicamente anglicano, o oraciones con temas o intenciones especiales. Te animo a explorar todas las opciones para ver cuáles funcionan para ti y, por ende, te ayuden a oír y reflexionar sobre lo que Dios puede estar diciendo a ti.

Es mi oración personal que Dios nos ofrezca la posibilidad de descubrir nuevas profundidades en estas oraciones cada vez que las recemos. Y que, a través de los silencios entre las oraciones, nos encontremos en un espacio sagrado suficiente para descubrir y escuchar la voz de Dios, tranquila y pequeña.

Cómo Rezar con las Cuentas Anglicanas

Un Poco de Trasfondo

Las oraciones en este libro están diseñadas para que se usen tanto por individuos como por grupos. La oración grupal en este estilo normalmente incluye algún tipo de llamada y respuesta, y por eso, en la mayoría de las instancias, estas oraciones alternan entre la voz del líder y las voces del grupo (estas últimas indicadas por negrita). Las personas rezando en solitario, desde luego, pueden rezar de manera continua.

    El rosario anglicano consiste en un conjunto circular de cuentas, organizadas en grupos de siete, con unas cuentas que dividen dichos grupos, y una cola que contiene una cuenta más y una cruz. La forma será instantáneamente reconocible para cualquiera que haya tenido un rosario católico en la mano. Solo el número de las cuentas y de los grupos difiere.

    En total, hay treinta y tres cuentas, las cuales nos recuerdan del número de los años que Cristo habitó en la tierra y de su edad al tiempo de su crucifixión. Estas se dividen en grupos de siete, llamados las *semanas* (como los grupos del rosario católico se llaman *décadas*). Tradicionalmente, el número siete es un número santo, y significa perfección en la numerología escritural. Entre las semanas se encuentran cuatro cuentas más — una en cada una de estas posiciones en el reloj: las doce, las tres, las seis, y las nueve. Frecuentemente son un poco más grandes que las otras y siempre se diferencian de alguna manera. Estas son las *cuentas cruciformes*, así llamadas por la forma de la cruz que se hace cuando el conjunto se pone plano y en un círculo perfecto.

Finalmente, la cola al fin — o, en realidad, al principio — consiste en la trigésima tercera cuenta, *la cuenta de invitación*, así llamada por la intención de centrarte y de oír la invitación de Dios cuando rezamos su oración. También hay en la cola *una cruz* o *un crucifijo* justo antes de la cuenta de invitación. Con eso, empezamos las oraciones con un recordatorio de Cristo.

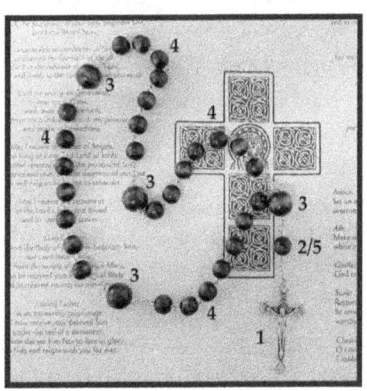

Rezando las Cuentas

Al empezar, se sugiere que encuentres un espacio tranquilo, si es posible, y luego tomes unos momentos para volverte quieto/a y respirar lentamente. Entonces, puedes pedir al Espíritu de Dios que esté presente contigo y centrarte para estar listo/a para la oración.

Después de un momento, lleva las cuentas en la mano y la cruz en los dedos, y empieza a orar, siguiendo todas las oraciones, cada una asignada a una parte del rosario — una por la cruz y una por cada cuenta — en el patrón descrito abajo.

(1) La Cruz: Empecemos nuestras oraciones con la Cruz, el símbolo de nuestra salvación. La oración inicial suele ser fuerte y familiar, y da una señal clara de nuestras intenciones cristianas. Oraciones comunes pueden incluir, por ejemplo, el Credo de los Apóstoles o el Padre Nuestro.

(2) La Cuenta de Invitación: Como se describió arriba, esta cuenta nos ofrece un momento de invitación para que avancemos hacia la presencia de Dios. Aquí encontramos una oración con la intención de marcar un tono o ilustrar un tema para la siguiente sesión — una que nos invita a entregarnos con profundidad. Puede ser, por ejemplo, un salmo de alabanza, unas palabras de esperanza, o incluso una oración de pena o tristeza.

(3) Las Cuentas Cruciformes: Con las cuentas cruciformes, comenzamos a abrirnos paso por el círculo, avanzando hacia las repeticiones de oraciones simples. Estas cuentas sirven como sujetalibros para las semanas. Nos llevan más profundamente en la reflexión, el tema o la historia que estamos rezando. Normalmente más simples que las oraciones de la cruz y de la invitación, las oraciones de las cuentas cruciformes aún sirven para recordarnos que hagamos pausas en nuestras repeticiones para escuchar a Dios, sin dejar de lado el tema más amplio de nuestro patrón de oración.

(4) Las Semanas: Después de cada cuenta cruciforme está el conjunto de siete: las semanas. Con estas cuentas, generalmente rezamos una frase muy corta y simple, lentamente y en repetición, siete veces, haciendo pausas deliberadas entre cada una: por ejemplo, «Bendice al Señor, alma mía, y todo lo que hay dentro de mí bendiga su santo nombre». Esta repetición, lenta, con pausas, y la simplicidad misma de las palabras nos ayuda a habitar la oración y a encontrar tranquilidad en la presencia de Dios.

En este libro, la costumbre será concluir cada semana con la *Gloria Patri* («Gloria al Padre, y al Hijo, y al Espíritu Santo…») para reunir y concluir la semana en cuestión, y para marcar la transición al siguiente ciclo, que empieza de nuevo con la próxima cuenta cruciforme.

(5) La Cuenta del Despido: Finalmente, después de rezar por todo el círculo, llegamos a la primera cuenta cruciforme, que ahora sirve para concluir nuestras oraciones y llevarnos de nuevo, refrescados, a la vida cotidiana. Como implica el nombre, normalmente esta oración final lleva un sentido de despedida — por ejemplo, el *Nunc dimittis:* «Ahora, Señor, despides a tu siervo en paz...». Usualmente, es una buena idea pasar un poco de tiempo en silencio después de la sesión — tan largo o corto como queramos — simplemente para que emerjamos suavemente de este espacio sagrado que hemos creado junto a Dios, y para llevarlo de alguna manera hacia el mundo.

Y habiendo terminado todo, ¡bien hecho! Ahora has rezado tu primer rosario anglicano. Que Dios te bendiga en tu camino.

Las Oraciones Centrales

La oración a Jesús

La Cruz

En el nombre del Padre, y del Hijo
y del Espíritu Santo. **Amén.**

Oh Dios, apresúrate a socorrernos.
Oh Señor, date prisa en nuestro auxilio.
— *Oración Vespertina*[§†]

La Invitación

Santo Dios,
Santo Fuerte,
Santo Inmortal,
ten piedad de nosotros.
— *Trisagio*

Las Cuentas Cruciformes

Padre nuestro,
que estás en el cielo,
santificado sea tu nombre.
Venga tu reino;
hágase tu voluntad
en la tierra como en el cielo.
Danos hoy nuestro pan de cada día.
Perdona nuestras ofensas,
como también nosotros perdonamos
a los que nos ofenden.
No nos dejes caer en la tentación,
y líbranos del mal.
Porque tuyo es el reino, el poder y la gloria,
ahora y por siempre. Amén.
— *Paternoster*

Las Semanas

Señor Jesucristo, Hijo de Dios,
ten piedad de mi, que soy *un/a pecador/a*.
— *La oración a Jesús*

después de la séptima cuenta:
Gloria al Padre, y al Hijo
y al Espíritu Santo.
Como era en el principio, ahora y siempre,
por los siglos de los siglos. Amén.

El Despido

Ahora despides, Señor, a tu siervo en paz,
conforme a tu palabra.

Porque han visto mis ojos tu salvación,
que has preparado delante de todos los pueblos;
una luz para la revelación a las naciones,
y la gloria de tu pueblo Israel.
— *Nunc dimittis, Lucas 2:29-32* ⁕□†

En el nombre del Padre, y del Hijo
y del Espíritu Santo. **Amén.**

∽

AVE MARÍA

La Cruz

En el nombre del Padre, y del Hijo
y del Espíritu Santo. **Amén.**

Creo en Dios,
Padre todopoderoso.
creador del cielo y de la tierra;
Creo en Jesucristo, su único Hijo, nuestro Señor,
que fue concebido por el Espíritu Santo;
nació de la Virgen María;
padeció bajo el poder de Poncio Pilato;
fue crucificado, muerto y sepultado.
Descendió al Hades.
Al tercer día resucitó de entre los muertos.
Subió a los cielos,
y está sentado a la diestra de Dios, Padre todopoderoso,
de donde ha de venir a juzgar a los vivos y a los muertos.
Creo en el Espíritu Santo,
la santa Iglesia católica,
la comunión de los santos,
el perdón de los pecados,

la resurrección del cuerpo,
y la vida eterna. Amén.
— *El Credo de los Apóstoles*^{□†}

La Invitación

Padre nuestro,
que estás en el cielo,
santificado sea tu nombre.
Venga tu reino;
hágase tu voluntad
en la tierra como en el cielo.
Danos hoy nuestro pan de cada día.
Perdona nuestras ofensas,
como también nosotros perdonamos
a los que nos ofenden.
No nos dejes caer en la tentación,
y líbranos del mal.
Porque tuyo es el reino, el poder y la gloria,
ahora y por siempre. Amén.

¡Dios te salve, María!
Llena eres de gracia; el Señor es contigo.
Bendita tú eres entre todas las mujeres,
y bendito es el fruto de tu vientre, Jesús.
Santa María, Madre de Dios,
ruega por nosotros, pecadores,
ahora y en la hora de nuestra muerte.
— *Ave María*

Gloria al Padre, y al Hijo
y al Espíritu Santo.
Como era en el principio, ahora y siempre,
por los siglos de los siglos. Amén.
— *Gloria Patri*

Las Cuentas Cruciformes

Padre nuestro,
que estás en el cielo,
santificado sea tu nombre.
Venga tu reino;
hágase tu voluntad
en la tierra como en el cielo.
Danos hoy nuestro pan de cada día.
Perdona nuestras ofensas,
como también nosotros perdonamos
a los que nos ofenden.
No nos dejes caer en la tentación,
y líbranos del mal.
Porque tuyo es el reino, el poder y la gloria,
ahora y por siempre. Amén.

Las Semanas

¡Dios te salve, María!
Llena eres de gracia; el Señor es contigo.
Bendita tú eres entre todas las mujeres,
y bendito es el fruto de tu vientre, Jesús.
Santa María, Madre de Dios,
ruega por nosotros, pecadores,
ahora y en la hora de nuestra muerte.

después de la séptima cuenta:
Gloria al Padre, y al Hijo
y al Espíritu Santo.
Como era en el principio, ahora y siempre,
por los siglos de los siglos. Amén.

El Despido

Dios te salve, Reina y Madre de misericordia:
vida, dulzura y esperanza nuestra;
Dios te salve. A ti llamamos,
los desterrados hijos de Eva;
a ti suspiramos, gimiendo y llorando
en este valle de lágrimas.
Ea, pues, Señora, abogada nuestra;
vuelve a nosotros esos tus ojos misericordiosos;
y después de este destierro,
muéstranos a Jesús, fruto bendito de tu vientre.
Oh clementísima, oh piadosa,
oh dulce Virgen María.
Ruega por nosotros, oh santísima Madre de Dios,
para que seamos dignos de las promesas de Cristo.
— *Salve Regina*

En el nombre del Padre, y del Hijo
y del Espíritu Santo. **Amén.**

El Oficio Diario

Como preparación para cualquier de estos patrones del oficio diario, se puede hacer una confesión y una oración por la absolución, como las siguientes:

Piadosísimo Dios:
**confesamos que hemos pecado contra ti,
en pensamiento, palabra y obra;
por lo que hemos hecho,
y por lo que hemos dejado de hacer.
No te hemos amado con todo nuestro corazón.
No hemos amado a nuestro prójimo como a nosotros mismos.
Nos arrepentimos humildemente y de verdad.
Por amor de tu Hijo Jesucristo,
ten piedad de nosotros y perdónanos,
para que nos deleitemos en tu voluntad
y andemos en tus caminos,
para la gloria de tu Nombre. Amén.**
— *Morning Prayer II y Evening Prayer II*[◊‡]

Que Dios todopoderoso tenga piedad de nosotros, nos perdone todos nuestros pecados por amor de nuestro Señor Jesucristo, nos fortalezca en toda bondad y por el poder del Espíritu Santo nos guarde en la vida eterna. **Amén.**
— *Morning Prayer II y Evening Prayer II*[◊†‡]

ORACIÓN MATUTINA I

La Cruz

En el nombre del Padre, y del Hijo
y del Espíritu Santo. **Amén.**

Que las palabras de mi boca
y la meditación de mi corazón
sean aceptables a tus ojos, oh Señor,
mi roca y mi redentor.
— *Salmo 19:14*

Oh Señor, abre nuestros labios.
Y nuestra boca anunciará tu alabanza.
— *Oración Matutina Diaria*□

La Invitación

Vengan, celebremos alegremente al Señor;
cantemos con júbilo a la roca de nuestra salvación.
Lleguemos ante su presencia con alabanza;
aclamémosle con cánticos.
Porque el Señor es un gran Dios,
y un gran Rey sobre todos los dioses.
Porque en su mano están las profundidades de la tierra;
y las alturas de los montes son suyas.
Suya también la mar, pues él la hizo;
y sus manos formaron la tierra seca.
Vengan, adoremos y postrémonos;
arrodillémonos delante del Señor nuestro Hacedor.
Porque él es el Señor nuestro Dios;
nosotros el pueblo de su dehesa,

y las ovejas de su mano.
¡Oh, que hoy escuchen su voz!
— *Venite, Salmo 95:1-7*□*†

Las Cuentas Cruciformes

Padre nuestro,
que estás en el cielo,
santificado sea tu nombre.
Venga tu reino;
hágase tu voluntad
en la tierra como en el cielo.
Danos hoy nuestro pan de cada día.
Perdona nuestras ofensas,
como también nosotros perdonamos
a los que nos ofenden.
No nos dejes caer en la tentación,
y líbranos del mal.
Porque tuyo es el reino, el poder y la gloria,
ahora y por siempre. Amén.

Las Semanas

He aquí que Dios es mi salvación.
Confiaré y no temeré;
porque el Señor es mi fuerza y mi canción;
y él se ha convertido en mi salvación.
— *Ecce Deus, Isaías 12:2*

después de la séptima cuenta:
Gloria al Padre, y al Hijo
y al Espíritu Santo.
Como era en el principio, ahora y siempre,
por los siglos de los siglos. Amén.

El Despido

Oh Señor, muéstranos tu misericordia;
y concédenos tu salvación.
Adorna a tus ministros de rectitud;
y alegra a tu pueblo escogido.
Danos paz en nuestros días, oh Señor;
porque solo en ti, Señor, estamos seguros.
Señor, defiende a tu pueblo;
y bendice a tu heredad.
Que tu camino sea conocido en toda la tierra;
y tu sanidad salvadora entre todas las naciones.
No dejes en el olvido a los necesitados;
ni quites la esperanza a los pobres.
Purifica nuestros corazones, oh Dios;
y no quites de nosotros tu Santo Espíritu.
— *Versículos y Respuestas*□§, ◊‡

En el nombre del Padre, y del Hijo
y del Espíritu Santo. **Amén.**

~

ORACIÓN MATUTINA **II**

La Cruz

En el nombre del Padre, y del Hijo
y del Espíritu Santo. **Amén.**

Viene la hora, y ahora es,
cuando los verdaderos adoradores
adorarán al Padre en espíritu y en verdad,
porque el Padre busca a los tales para que sean sus adoradores.
Dios es espíritu, y los que lo adoran
deben hacerlo en espíritu y en verdad.
— *Juan 4:23-24*

Oh Señor, abre nuestros labios.
Y nuestra boca anunciará tu alabanza.
— *Oración Matutina Diaria*⬜

La Invitación

¡Regocíjense en el Señor, todas las naciones!
Sirvan al Señor con alegría,
y vengan ante su presencia con cánticos.
Sepan que el Señor es Dios;
él nos hizo, y no nosotros mismos;
pueblo suyo somos, y las ovejas de su rebaño.
Entren por sus puertas con acción de gracias,
y en sus atrios con alabanzas;
denle gracias y bendigan su nombre.
Porque bueno es el Señor;
su amorosa bondad perdura por siempre,
su fidelidad a todas las generaciones.
— *Jubilate, Salmo 100*⬜*†

Las Cuentas Cruciformes

Busca al Señor mientras pueda ser encontrado.
Invócalo mientras esté cerca.
Que el malvado abandone su camino,
el inicuo sus pensamientos.
Que vuelva al Señor, y él se apiadará de él,
a nuestro Dios, el que perdonará libremente.
— *Isaías 55:6-7*†

Las Semanas

El Señor será tu luz eterna,
y tu Dios será tu gloria.
— *Surge illuminare, Isaías 60:19*

después de la séptima cuenta:
Gloria al Padre, y al Hijo
y al Espíritu Santo.
**Como era en el principio, ahora y siempre,
por los siglos de los siglos. Amén.**

El Despido

Guarda a tu pueblo, Señor, y bendice tu heredad;
dirígenos y mantennos, ahora y siempre.
Día a día te bendecimos;
alabamos tu nombre para siempre.
Señor, aléjanos de todo pecado hoy;
ten piedad de nosotros, Señor, ten piedad.
Señor, muéstranos tu amor y tu piedad;
pues confiamos en ti.
Tú, Señor, eres nuestra esperanza;
y no esperamos nunca en vano.
— *Versículos y Respuestas, Morning Prayer II*^{◊‡}

En el nombre del Padre, y del Hijo
y del Espíritu Santo. **Amén.**

∼

Oración Matutina **III**

La Cruz

En el nombre del Padre, y del Hijo
y del Espíritu Santo. **Amén.**

Ustedes ya no son extranjeros ni forasteros,
**sino conciudadanos de los santos
y miembros de la familia de Dios.**
— *Efesios 2:19*[†]

Oh Señor, abre nuestros labios.
Y nuestra boca anunciará tu alabanza.
— *Oración Matutina Diaria*□

La Invitación

Oh Soberano del universo, Señor Dios,
grandes y maravillosas son tus obras,
superando el entendimiento humano.
Justos y verdaderos son tus caminos,
oh Rey de las naciones.
¿Quién no te temerá, Señor,
y glorificará tu nombre?
Porque sólo tú eres santo.
Porque todas las naciones vendrán a adorar ante ti.
Porque tus obras justas y santas se han revelado.
— *Magna et mirabilia*, Apocalipsis 15:3-4 *†, ◊‡

Las Cuentas Cruciformes

¡Digno eres tú, Señor y Dios nuestro, el Santo,
de recibir la gloria, el honor y el poder!
Porque nos compraste para Dios con tu sangre
de toda tribu, lengua, pueblo y nación,
y nos ha hecho reyes y sacerdotes de nuestro Dios.
— *Dignus es*, Apocalipsis 4:11, 5:9-10

Las Semanas

Envía tu luz y tu verdad; deja que me guíen.
Deja que me lleven a tu santa colina, a sus tiendas.
— *Salmo 43:3*

después de la séptima cuenta:
Gloria al Padre, y al Hijo
y al Espíritu Santo.

Como era en el principio, ahora y siempre,
por los siglos de los siglos. Amén.

El Despido

Omnipotente Dios, que nos has dado gracia
para que, en esta hora y de común acuerdo,
te dirijamos nuestras súplicas;
y has prometido por tu hijo bien amado
que cuando dos o tres estén congregados en tu nombre
les concederás sus peticiones:
**cumple ahora, oh Señor, los deseos y ruegos de tus siervos,
como más nos convenga;**
concediéndonos en este mundo el conocimiento de tu verdad,
y en el venidero, la vida eterna. Amén.
— *La Oración de San Juan Crisóstomo*[□†]

En el nombre del Padre, y del Hijo
y del Espíritu Santo. **Amén.**

~

Oración Matutina **IV**

La Cruz

En el nombre del Padre, y del Hijo
y del Espíritu Santo. **Amén.**

Con alegría sacarás agua
de los pozos de la salvación.
En ese día dirás:
«¡Gracias al Señor! ¡Invoquen ustedes su nombre!»
— *Ecce Deus, Isaías 12:3-4*

Oh Señor, abre nuestros labios.
Y nuestra boca anunciará tu alabanza.
— *Oración Matutina Diaria*□

La Invitación

Bendigan al Señor, obras todas del Señor:
alábenlo, y ensálcenlo para siempre.
En el firmamento de su poder, bendigan al Señor:
alábenlo, y ensálcenlo para siempre.
Que el pueblo de Dios glorifique al Señor:
alábenlo, y ensálcenlo para siempre.
Bendigan al Señor, oh sacerdotes y siervos del Señor:
alábenlo, y ensálcenlo para siempre.
Glorifiquemos al Señor: al Padre, al Hijo y al Espíritu Santo:
alábenlo, y ensálcenlo para siempre.
En el firmamento de su poder, bendigan al Señor:
alábenlo, y ensálcenlo para siempre.
— *El Cántico de los Tres Jóvenes 35-36, 61-62*□※†, ◊‡

Las Cuentas Cruciformes

Tú, niño, serás llamado profeta del Altísimo;
porque irás delante de la cara del Señor
para preparar sus caminos,
para dar conocimiento de la salvación a su pueblo
por la remisión de sus pecados;
por la tierna misericordia de nuestro Dios,
por la que nos visitará la aurora de lo alto,
para iluminar a los que están en las tinieblas
y en la sombra de la muerte;
para guiar nuestros pies por el camino de la paz.
— *Benedictus Dominus Deus, Lucas 1:76-79*※□

Las Semanas

Gloria a Dios en las alturas,
y en la tierra paz a los de buena voluntad.
— *Gloria in excelsis*□†

después de la séptima cuenta:
Gloria al Padre, y al Hijo
y al Espíritu Santo.
Como era en el principio, ahora y siempre,
por los siglos de los siglos. Amén.

El Despido

Padre celestial,
en ti vivimos, nos movemos y subsistimos:
te pedimos humildemente que nos encamines
y aconsejes por tu Espíritu Santo,
para que, en todas las preocupaciones de nuestra vida,
no te olvidemos, sino que nos acordemos
de que siempre caminamos ante tus ojos;
por Jesucristo nuestro Señor.
— *A Collect for Guidance, Morning Prayer II*◊‡

En el nombre del Padre, y del Hijo
y del Espíritu Santo. **Amén.**

∼

ORACIÓN MATUTINA V (ESPECIALMENTE ADECUADA DURANTE LA TEMPORADA DE PASCUA)

La Cruz

En el nombre del Padre, y del Hijo
y del Espíritu Santo. **Amén.**

¡Aleluya! Cristo ha resucitado.
El Señor en verdad ha resucitado. ¡Aleluya!
— *La Aclamación Pascual*⌑

o

Este es el día que el Señor ha hecho.
Nos regocijaremos y nos alegraremos por ello.
— *Salmo 118:24*

entonces:

Oh Señor, abre nuestros labios.
Y nuestra boca anunciará tu alabanza.
— *Oración Matutina Diaria*⌑

La Invitación

Aleluya. Cristo, nuestra Pascua, se ha sacrificado por nosotros;
por lo tanto, celebremos la fiesta,
no con la levadura vieja, la de la malicia y de la maldad,
sino con el pan sin levadura de la sinceridad y de la verdad. Aleluya.
Cristo, resucitado de entre los muertos, ya no muere;
la muerte ya no le domina a él.
Porque la muerte que murió, murió para el pecado una vez;
pero la vida que vive, la vive para Dios.
Así pues, considérense también muertos al pecado,
y vivos para Dios en Cristo Jesús, nuestro Señor. Aleluya.
Cristo ha resucitado de entre los muertos.
Se convirtió en la primicia de los que duermen.
Porque como la muerte vino por el hombre,
también vino por el hombre la resurrección de los muertos.
Porque así como en Adán todos mueren,
también en Cristo todos serán vivificados. Aleluya.
— *Pascha nostrum; 1 Corintios 5:7-8†, Romanos 6:9-11, 1 Corintios 15:20-22†*

Las Cuentas Cruciformes

Tú, Cristo, Rey de la gloria,
tú eres el Hijo eterno del Padre.
Tú, al emprender la redención de los seres humanos,
no desdeñaste el seno virginal.
Tú, al vencer el aguijón de la muerte,
abriste a los creyentes el reino de los cielos.
— *Te Deum laudamus*□†

Las Semanas

Ven, Señor, y socorre a tus siervos.
Haz que seamos contados con tus santos en la gloria eterna.
— *Te Deum laudamus*□†

después de la séptima cuenta:
Gloria al Padre, y al Hijo
y al Espíritu Santo.
Como era en el principio, ahora y siempre,
por los siglos de los siglos. Amén.

El Despido

Oh Señor, nuestro Padre poderoso y eterno,
que nos has traído con seguridad al principio de este día:
defiéndenos con tu gran poder;
y concede que no caigamos hoy en ningún pecado,
ni incurramos en ningún peligro;
sino que todas nuestras acciones,
siendo dirigidas y gobernadas por ti, sean justas a tus ojos;
por Jesucristo nuestro Señor.
— *La Colecta por la Gracia, Oración Matutina*□†

En el nombre del Padre, y del Hijo
y del Espíritu Santo. **Amén.**

ORACIÓN VESPERTINA I

La Cruz

En el nombre del Padre, y del Hijo
y del Espíritu Santo. **Amén.**

Creo en Dios,
Padre todopoderoso.
creador del cielo y de la tierra;
Creo en Jesucristo, su único Hijo, nuestro Señor,
que fue concebido por el Espíritu Santo;
nació de la Virgen María;
padeció bajo el poder de Poncio Pilato;
fue crucificado, muerto y sepultado.
Descendió al Hades.
Al tercer día resucitó de entre los muertos.
Subió a los cielos,
y está sentado a la diestra de Dios, Padre todopoderoso,
de donde ha de venir a juzgar a los vivos y a los muertos.
Creo en el Espíritu Santo,
la santa Iglesia católica,
la comunión de los santos,
el perdón de los pecados,
la resurrección del cuerpo,
y la vida eterna. Amén.
— *El Credo de los Apóstoles* □†

La Invitación

Que mi oración sea puesta ante ti como incienso,
la elevación de mis manos como el sacrificio de la tarde.
—*Salmo 141:2*

Oh Dios, apresúrate a socorrernos.
Oh Señor, date prisa en nuestro auxilio.
— *Oración Vespertina*§†

Las Cuentas Cruciformes

Bendeciré al Señor, que me ha aconsejado;
mi corazón me instruye en las estaciones nocturnas.
He puesto al Señor siempre delante de mí.
Porque él está a mi diestra, no seré conmovido.
— *Salmo 16:7-8**※

Las Semanas

Ilumina nuestras tinieblas, oh Señor.
Ilumina nuestras tinieblas, oh Señor.
— *La Colecta por Socorro en Todo Peligro*§†

después de la séptima cuenta:
Gloria al Padre, y al Hijo
y al Espíritu Santo.
Como era en el principio, ahora y siempre,
por los siglos de los siglos. Amén.

El Despido

Oh Señor, muéstranos tu misericordia;
y concédenos tu salvación.
Adorna a tus ministros de rectitud;
y alegra a tu pueblo escogido.
Danos paz en nuestros días, oh Señor;
porque solo en ti, Señor, estamos seguros.
Señor, defiende a tu pueblo;
y bendice a tu heredad.
Que tu camino sea conocido en toda la tierra;
y tu sanidad salvadora entre todas las naciones.

No dejes en el olvido a los necesitados;
ni quites la esperanza a los pobres.
Purifica nuestros corazones, oh Dios;
y no quites de nosotros tu Santo Espíritu.
— *Versículos y Respuestas*□§, ◊‡

En el nombre del Padre, y del Hijo
y del Espíritu Santo. **Amén.**

∽

ORACIÓN VESPERTINA **II**

La Cruz

En el nombre del Padre, y del Hijo
y del Espíritu Santo. **Amén.**

Busca al que hizo las Pléyades y Orión,
y convierte la sombra de la muerte en la mañana,
y hace que el día se oscurezca con la noche;
que llama a las aguas del mar
y los derrama sobre la superficie de la tierra:
el Señor es su nombre.
— *Amós 5:8*

Oh Dios, apresúrate a socorrernos.
Oh Señor, date prisa en nuestro auxilio.
— *Oración Vespertina*§†

La Invitación

Luz gozosa,
gloria clara del Padre inmortal del cielo,
santo y alegre consuelo. ¡Cristo bendito, Luz santa!

Al elevar este canto, al ponerse el sol,
al contemplar nuestros ojos la luz vespertina,
reunidos le cantamos al Dios Trino:
Padre, Hijo, Espíritu Santo.
¡Siempre eres digno de la alabanza de voces alegres,
Hijo de Dios, luz de vida!
¡Con esta luz vespertina el universo te canta!
— *Phos hilaron*•, ◊‡

Las Cuentas Cruciformes

Padre nuestro,
que estás en el cielo,
santificado sea tu nombre.
Venga tu reino;
hágase tu voluntad
en la tierra como en el cielo.
Danos hoy nuestro pan de cada día.
Perdona nuestras ofensas,
como también nosotros perdonamos
a los que nos ofenden.
No nos dejes caer en la tentación,
y líbranos del mal.
Porque tuyo es el reino, el poder y la gloria,
ahora y por siempre. Amén.

Las Semanas

Que el Dios de la esperanza nos llene
de toda alegría y paz en la fe.
— *Romanos 15:13*†

después de la séptima cuenta:
Gloria al Padre, y al Hijo
y al Espíritu Santo.
Como era en el principio, ahora y siempre,
por los siglos de los siglos. Amén.

El Despido

Omnipotente Dios, que nos has dado gracia
para que, en esta hora y de común acuerdo,
te dirijamos nuestras súplicas;
y has prometido por tu hijo bien amado
que cuando dos o tres estén congregados en tu nombre
les concederás sus peticiones:
**cumple ahora, oh Señor, los deseos y los ruegos de tus siervos,
como más nos convenga;**
concediéndonos en este mundo el conocimiento de tu verdad,
y en el venidero, la vida eterna. Amén.
— *La Oración de San Juan Crisóstomo*^{□†}

En el nombre del Padre, y del Hijo
y del Espíritu Santo. **Amén.**

ORACIÓN VESPERTINA **III**

La Cruz

En el nombre del Padre, y del Hijo
y del Espíritu Santo. **Amén.**

Tuyo es el día, tuya también la noche;
la luna y el sol tú estableciste.
Tú fijaste los límites del mundo;
hiciste el invierno y el verano.
— *Salmo 74:15-16*[♦]

Oh Dios, apresúrate a socorrernos.
Oh Señor, date prisa en nuestro auxilio.
— *Oración Vespertina*^{§†}

La Invitación

Mi alma engrandece al Señor,
y mi espíritu se alegra en Dios mi Salvador;
pues ha mirado la bajeza de su sierva;
he aquí, a partir de ahora,
todas las generaciones me llamarán dichosa.
El Poderoso me ha hecho grandes cosas,
y santo es su nombre.
Su misericordia es de generación a generación
sobre los que le temen.
Ha demostrado el poder de su brazo;
ha esparcido a los orgullosos
de la imaginación de sus corazones.
Ha derribado a los príncipes de sus tronos,
y ha exaltado a los humildes.
Ha colmado de bienes a los hambrientos,
y ha despedido a los ricos con las manos vacías.
Ha dado ayuda a Israel, su siervo,
acordándose de la misericordia,
como habló a nuestros padres,
a Abrahán y a su simiente para siempre.
— *Magníficat, Lucas 1:46-55*[*][□][†]

Las Cuentas Cruciformes

Acompaña, buen Señor, a cada persona
que esta noche trabaja, se desvela o se lamenta,
y haz que tus ángeles cobijen a quienes duermen.
Cuida al enfermo,
da reposo al fatigado, bendice al moribundo,
alivia al que sufre, apiádate del afligido,
y protege al gozoso;
por tu amor y tu ternura. Amén.
— *Oración del Atardecer*[♦]

Las Semanas

Yo soy la luz del mundo;
quien me siga no caminará en la oscuridad,
sino que tendrá la luz de la vida.
— *Juan 8:12*†

después de la séptima cuenta:
Gloria al Padre, y al Hijo
y al Espíritu Santo.
Como era en el principio, ahora y siempre,
por los siglos de los siglos. Amén.

El Despido

Que esta noche sea santa, buena y serena,
te rogamos, Señor.
Que tus santos ángeles nos guíen en sendas de paz y buena voluntad,
te rogamos, Señor.
Que recibamos perdón por nuestras ofensas y pecados,
te rogamos, Señor.
Que haya paz en tu iglesia y en el mundo entero,
te rogamos, Señor.
Que la muerte nos encuentre anclados en la fe, y nos presentemos ante Cristo con la conciencia limpia,
te rogamos, Señor.
Que tu Santo Espíritu nos una en la comunión de *(San/ta _____ y)* todos tus santos y santas; encomendándonos mutuamente a Jesucristo y confiándole toda nuestra vida,
te rogamos, Señor.
— *Versículos y Respuestas, Oración del Atardecer*♦

Bendigamos al Señor.
Demos gracias a Dios.
— *Oración del Atardecer*♦

En el nombre del Padre, y del Hijo
y del Espíritu Santo. **Amén.**

∽

Oración Vespertina **IV**

La Cruz

En el nombre del Padre, y del Hijo
y del Espíritu Santo. **Amén.**

Si digo: «Seguramente las tinieblas me abrumarán,
y la luz que me rodea se convertirá en la noche»,
ni siquiera la oscuridad se esconde de ti, oh Señor;
la noche brilla como el día;
la oscuridad y la luz, para ti, son iguales.
— *Salmo 139:10-11*†

Oh Dios, apresúrate a socorrernos.
Oh Señor, date prisa en nuestro auxilio.
— *Oración Vespertina*§†

La Invitación

Quédate con nosotros, buen Jesús,
que cae el sol y se acaba el día;
sé nuestro compañero de camino,
aviva nuestros corazones y despierta en nosotros la esperanza,
para reconocerte según te revelas
en las Escrituras y al partir el pan.
En tu amor te lo pedimos.
— *La Colecta por la Presencia de Cristo, Oración del Atardecer*♦

Las Cuentas Cruciformes

Ilumina nuestras tinieblas, oh Señor,
y por tu gran misericordia guárdanos
de todos los peligros y riesgos de esta noche;
por amor de tu Hijo único,
nuestro Salvador Jesucristo.
— *La Colecta por Socorro en Todo Peligro, Oración Vespertina*□†

Las Semanas

Envíanos el Espíritu de amor,
para que tu gracia crezca en abundancia entre nosotros.
— *Oración del Atardecer*♦

después de la séptima cuenta:
Gloria al Padre, y al Hijo
y al Espíritu Santo.
Como era en el principio, ahora y siempre,
por los siglos de los siglos. Amén.

El Despido

Ahora despides, Señor, a tu siervo en paz,
conforme a tu palabra.
Porque han visto mis ojos tu salvación,
que has preparado delante de todos los pueblos;
una luz para la revelación a las naciones,
y la gloria de tu pueblo Israel.
— *Nunc dimittis, Lucas 2:29-32*﹡□†

En el nombre del Padre, y del Hijo
y del Espíritu Santo. **Amén.**

Oración del Mediodía

La Cruz

En el nombre del Padre, y del Hijo
y del Espíritu Santo. **Amén.**

Desde la salida del sol hasta su puesta,
mi nombre es grande entre las naciones,
y en todo lugar
se ofrecerá incienso a mi nombre
y una ofrenda pura;
**porque mi nombre es grande entre las naciones,
dice el Señor de los Ejércitos.**
— *Malaquías 1:11*†

La Invitación

Cuando el Señor hizo volver a los que regresaron a Sión,
éramos como los que sueñan.
Entonces se nos llenó la boca de risa,
y nuestra lengua con el canto.
Entonces dijeron entre las naciones,
«El Señor ha hecho grandes cosas para ellos.»
El Señor ha hecho grandes cosas para nosotros,
y sí nos alegramos.
— *Salmo 126:1-4*†

Las Cuentas Cruciformes

Tu palabra es una lámpara para mis pies
y una luz para mi camino.
He tomado sus testimonios como herencia para siempre,
porque son la alegría de mi corazón.
— *Salmo 119:105, 111*

Las Semanas

Si alguien está en Cristo,
es una nueva creación.
Lo viejo ha pasado;
he aquí lo nuevo ha llegado.
— *2 Corintios 5:17*†◊‡

después de la séptima cuenta:
Gloria al Padre, y al Hijo
y al Espíritu Santo.
Como era en el principio, ahora y siempre,
por los siglos de los siglos. Amén.

El Despido

Padre Celestial, envía el Espíritu Santo a nuestros corazones;
que nos dirija y gobierne según tu voluntad,
nos alivie de todos nuestros males,
nos defienda de todo error
y nos guíe a toda verdad;
por Cristo Jesús nuestro Señor. Amén.
— *Oración del Mediodía*•

En el nombre del Padre, y del Hijo
y del Espíritu Santo. **Amén.**

Completas I

La Cruz

En el nombre del Padre, y del Hijo
y del Espíritu Santo. **Amén.**

El Señor todopoderoso nos conceda
una noche apacible y un final feliz.

Nuestro socorro está en el nombre del Señor;
que hizo los cielos y la tierra.
— *Oración de la Noche (Completas)*◆

La Invitación

En paz me acostaré y dormiré,
porque sólo tú, Señor, me haces vivir con seguridad.
— *Salmo 4:8*

Las Cuentas Cruciformes

Guíanos, Señor, despiertos,
y guárdanos dormidos;
que, despiertos, velemos con Cristo,
y, dormidos, descansemos en paz.
— *Oración de la Noche (Completas)*◆

Las Semanas

Alaben al Señor, todos los siervos del Señor,
ustedes que están de noche en la casa del Señor.
— *Salmo 134:1*†

después de la séptima cuenta:
Gloria al Padre, y al Hijo
y al Espíritu Santo.
Como era en el principio, ahora y siempre,
por los siglos de los siglos. Amén.

El Despido

En tu mano, oh Señor, encomiendo mi espíritu;
pues tú me has redimido, Señor, Dios de la verdad.
Guárdame, oh Señor, como la niña de tus ojos.
Escóndeme bajo la sombra de tus alas.
— *Completas: Salmo 31:5†; Salmo 17:8†*

Que Dios, poderoso y misericordioso,
Padre, Hijo y Espíritu Santo,
nos bendiga y guarde. **Amén.**
— *Oración de la Noche (Completas)*♦

Completas II

La Cruz

En el nombre del Padre, y del Hijo
y del Espíritu Santo. **Amén.**

El Señor todopoderoso nos conceda
una noche apacible y un final feliz.

Nuestro socorro está en el nombre del Señor;
que hizo los cielos y la tierra.
— *Oración de la Noche (Completas)*♦

La Invitación

En paz me acostaré y dormiré,
porque sólo tú, Señor, me haces vivir con seguridad.
— *Salmo 4:8*

Las Cuentas Cruciformes

Cuídanos desde tu trono, Dios,
e ilumina esta noche con tu brillo celestial;
para que, tanto de noche como de día,
tu pueblo le rinda gloria a tu santo Nombre;
por Cristo Jesús nuestro Señor.
— *Oración de la Noche (Completas)*◆

Las Semanas

El que habita en el lugar secreto del Altísimo
descansará a la sombra del Todopoderoso.
— *Salmo 91:1*

después de la séptima cuenta:
Gloria al Padre, y al Hijo
y al Espíritu Santo.
Como era en el principio, ahora y siempre,
por los siglos de los siglos. Amén.

El Despido

Visita, Señor, este lugar,
y aleja de él las trampas que tiende el enemigo;
que tus ángeles se queden con nosotros, guardándonos en paz;
y que tu bendición siempre esté sobre nosotros;
por Cristo Jesús nuestro Señor.
— *Oración de la Noche (Completas)*◆

Que Dios, poderoso y misericordioso,
Padre, Hijo y Espíritu Santo,
nos bendiga y guarde. **Amén.**
— *Oración de la Noche (Completas)*◆

Oraciones Estacionales

Adviento

La Cruz

En el nombre del Padre, y del Hijo
y del Espíritu Santo. **Amén.**

Mi alma engrandece al Señor,
y mi espíritu se alegra en Dios mi Salvador;
pues ha mirado la bajeza de su sierva;
he aquí, a partir de ahora,
todas las generaciones me llamarán dichosa.
El Poderoso me ha hecho grandes cosas,
y santo es su nombre.
Su misericordia es de generación a generación
sobre los que le temen.
Ha demostrado el poder de su brazo;
ha esparcido a los orgullosos
de la imaginación de sus corazones.
Ha derribado a los príncipes de sus tronos,
y ha exaltado a los humildes.
Ha colmado de bienes a los hambrientos,
y ha despedido a los ricos con las manos vacías.

Ha dado ayuda a Israel, su siervo,
acordándose de la misericordia,
como habló a nuestros padres,
a Abrahán y a su simiente para siempre.
— *Magnificat, Lucas 1:46-55**□†

La Invitación

El Espíritu del Señor está sobre mí,
porque me ha ungido
para predicar la buena nueva a los humildes,
para vendar a los corazones rotos,
para proclamar la libertad de los cautivos
y liberar a los que están atados,
para proclamar el año de gracia del Señor.
— *Isaías 61:1-2*†

Las Cuentas Cruciformes

Cuando el Señor hizo volver a los que regresaron a Sión,
éramos como los que sueñan.
Entonces se nos llenó la boca de risa,
y nuestra lengua con el canto.
Entonces dijeron entre las naciones,
«El Señor ha hecho grandes cosas para ellos.»
El Señor ha hecho grandes cosas para nosotros,
y sí nos alegramos.
Restablece nuestra suerte, oh Señor,
como los arroyos del Néguev.
Los que siembran con lágrimas
cosecharán con alegría.
— *Salmo 126:1-5*†

Las Semanas

Soy la voz del que clama en el desierto:
«¡Preparen ustedes el camino del Señor!
Enderecen sus sendos:
una carretera para nuestro Dios.»
— *Juan 1:23*†; *Isaías 40:3*†

después de la séptima cuenta:
Gloria al Padre, y al Hijo
y al Espíritu Santo.
Como era en el principio, ahora y siempre,
por los siglos de los siglos. Amén.

El Despido

Alégrense siempre.
Oren sin cesar.
Den gracias en todo,
porque ésta es la voluntad de Dios en Cristo Jesús.
No apaguen al Espíritu.
No desprecien las profecías.
Prueben todas las cosas,
y retengan firmemente lo que es bueno.
Que el mismo Dios de la paz los santifique por completo.
Es fiel el que los llama a ustedes.
— *1 Tesalonicenses 5:16-21, 23, 24*†

En el nombre del Padre, y del Hijo
y del Espíritu Santo. **Amén.**

NAVIDAD

La Cruz

En el nombre del Padre, y del Hijo
y del Espíritu Santo. **Amén.**

¡Dios te salve, María!
Llena eres de gracia; el Señor es contigo.
Bendita tú eres entre todas las mujeres,
y bendito es el fruto de tu vientre, Jesús.
Santa María, Madre de Dios,
ruega por nosotros, pecadores,
ahora y en la hora de nuestra muerte.

o

¡Dios te salve, María!
Llena eres de gracia; el Señor es contigo.
Bendita tú eres entre todas las mujeres,
y bendito es el fruto de tu vientre, Jesús.
El Espíritu Santo vendrá sobre ti,
y el poder del Altísimo te cubrirá con su sombra.
Por eso también el santo que nazca de ti
será llamado Hijo de Dios.
— *Ave María; Lucas 1:35, 42*[†]

La Invitación

Vengan, fieles todos,
a Belén marchemos
con gozo triunfantes
y llenos de amor.
Y al Rey de los cielos
humilde veremos.
Vengan, adoremos;

Vengan, adoremos;
Vengan, adoremos
a Cristo el Señor.
— *Adeste fidelis, himno en latín*

Las Cuentas Cruciformes

Tú has multiplicado la nación.
Tú has aumentado su alegría.
Porque nos ha nacido un niño;
un hijo se nos ha dado;
y el gobierno estará sobre sus hombros.
Su nombre será llamado Consejero maravilloso,
Dios poderoso, Padre eterno,
Príncipe de la paz.
— *Isaías 9:3, 6*[†]

Las Semanas

Gloria a Dios en las alturas,
y en la tierra paz a los de buena voluntad.
El Verbo se hizo carne y vivió entre nosotros.
— *Lucas 2:14*[□†], *Juan 1:14*

después de la séptima cuenta:
Gloria al Padre, y al Hijo
y al Espíritu Santo.
Como era en el principio, ahora y siempre,
por los siglos de los siglos. Amén.

El Despido

Mi alma engrandece al Señor,
y mi espíritu se alegra en Dios mi Salvador;

pues ha mirado la bajeza de su sierva;
he aquí, a partir de ahora,
todas las generaciones me llamarán dichosa.
El Poderoso me ha hecho grandes cosas,
y santo es su nombre.
Su misericordia es de generación a generación
sobre los que le temen.
Ha demostrado el poder de su brazo;
ha esparcido a los orgullosos
de la imaginación de sus corazones.
Ha derribado a los príncipes de sus tronos,
y ha exaltado a los humildes.
Ha colmado de bienes a los hambrientos,
y ha despedido a los ricos con las manos vacías.
Ha dado ayuda a Israel, su siervo,
acordándose de la misericordia,
como habló a nuestros padres,
a Abrahán y a su simiente para siempre.
— *Magnificat, Lucas 1:46-55*[*][□][†]

En el nombre del Padre, y del Hijo
y del Espíritu Santo. **Amén.**

∽

Epifanía

La Cruz

En el nombre del Padre, y del Hijo
y del Espíritu Santo. **Amén.**

El pueblo que caminaba en la oscuridad ha visto una gran luz.
La luz ha brillado sobre los que vivían
en el país de la sombra de la muerte.
Tú has multiplicado la nación.
Tú has aumentado su alegría.

Porque nos ha nacido un niño;
un hijo se nos ha dado.
— *Isaías 9:2-3, 6*†

La Invitación

Levántate, brilla, porque ha llegado tu luz,
y la gloria del Señor se ha levantado sobre ti.
Porque he aquí que las tinieblas cubrirán la tierra,
y espesa oscuridad a los pueblos;
pero sobre ti se levantará el Señor,
y su gloria se verá en ti.
Las naciones vendrán a tu luz,
y los reyes al brillo de tu ascenso.
— *Isaías 60:1-3*

Las Cuentas Cruciformes

Tú Belén, de la tierra de Judá,
no eres en absoluto lo más pequeño entre los príncipes de Judá;
porque de ti saldrá un gobernador
que pastoreará a mi pueblo, Israel.
— *Mateo 2:6*†

Las Semanas

¿Dónde está el que ha nacido como Rey de los judíos?
Porque hemos visto su estrella en el oriente
y hemos venido a adorarlo.
— *Mateo 2:2*

después de la séptima cuenta:
Gloria al Padre, y al Hijo
y al Espíritu Santo.
Como era en el principio, ahora y siempre,
por los siglos de los siglos. Amén.

El Despido

Oh Luz gozosa,
gloria clara del Padre inmortal del cielo,
santo y alegre consuelo. ¡Cristo bendito, Luz santa!
Al elevar este canto, al ponerse el sol,
al contemplar nuestros ojos la luz vespertina,
reunidos le cantamos al Dios Trino:
Padre, Hijo, Espíritu Santo.
¡Siempre eres digno de la alabanza de voces alegres,
Hijo de Dios, luz de vida!
¡Con esta luz vespertina el universo te canta!
— *Phos hilaron*•, ◊‡

En el nombre del Padre, y del Hijo
y del Espíritu Santo. **Amén.**

~

Miércoles de Ceniza

Para la oración en solitario, «nosotros / nos» se puede cambiar a «yo / mí» en la confesión inicial y en la oración final por la absolución.

La Cruz

En el nombre del Padre, y del Hijo
y del Espíritu Santo. **Amén.**

Santísimo Padre de misericordia
confesamos a ti y los unos a los otros,
y a toda la comunión de los santos
en el cielo y en la tierra,
que hemos pecado por nuestra propia culpa,
en pensamiento, palabra y obra;
por lo que hemos hecho,
y por lo que hemos dejado de hacer.

No te hemos amado
con todo nuestro corazón, mente y fuerza.
No hemos amado a nuestro prójimo como a nosotros mismos.
No hemos perdonado a otros
como hemos sido perdonados.
Acepta nuestro arrepentimiento
y restáuranos, buen Señor.
Cumple en nosotros tu obra de salvación,
para que podamos mostrar tu gloria en el mundo.
— *del Confiteor adaptado, Miercoles de Ceniza*◊‡

La Invitación

Toca la trompeta en Sión,
¡y haz sonar una alarma en mi montaña sagrada!
Porque llega el día del Señor,
porque está muy cerca.
Rasga tu corazón y no tus vestiduras,
y vuélvete al Señor, tu Dios;
porque es clemente y misericordioso,
lento para la ira y abundante en bondad amorosa,
¡Toca la trompeta en Sión!
Santifica un ayuno.
Convoca una asamblea solemne.
Reúne al pueblo.
Santifica la asamblea.
Reúne a los ancianos.
Que los sacerdotes lloren entre el pórtico y el altar,
y que digan: «Perdona a tu pueblo, Señor.»
— *Joel 2:1-2, 13, 15-17*

Las Cuentas Cruciformes

Cuando oren, no sean como los hipócritas,
pues les gusta estar de pie y orar para ser vistos.
Ciertamente, les digo a ustedes
que han recibido su recompensa.

Además, cuando ayunen, no sean como los hipócritas,
con rostros tristes.
Porque ellos desfiguran sus rostros para ser vistos.
Ciertamente, les digo a ustedes que han recibido su recompensa.
Pero ustedes, cuando ayunen, únjanse la cabeza y lávase la cara,
para que no les vean los hombres.
Y su Padre, que ve en secreto, les recompensará.
— *Mateo 6:5, 16-18*

Las Semanas

En un momento aceptable te escuché.
En un día de salvación te ayudé.
— *2 Corintios 6:2*

después de la séptima cuenta:
Gloria al Padre, y al Hijo
y al Espíritu Santo.
Como era en el principio, ahora y siempre,
por los siglos de los siglos. Amén.

El Despido

Ten piedad de mí, Dios,
según tu amorosa bondad.
Según la multitud de tus misericordias,
borra mis transgresiones.
Lávame completamente de mi iniquidad.
Límpiame de mi pecado.
Porque conozco mis transgresiones.
Mi pecado está constantemente ante mí.
Contra ti, y sólo contra ti, he pecado,
y he hecho lo que es malo a tus ojos,
por lo que eres reconocido justo cuando hablas,
y tenido por puro cuando juzgas.
He aquí que he nacido en la iniquidad.
Mi madre me concibió en pecado.

He aquí que deseas la verdad en las partes internas.
Me enseñas la sabiduría en lo más íntimo.
Purifícame con el hisopo y quedaré limpio.
Lávame y quedaré más blanco que la nieve.
Crea en mí un corazón limpio, oh Dios;
renueva un espíritu recto dentro de mí.
— *Salmo 51:1-7, 10*※†

Que Dios todopoderoso tenga piedad de nosotros, nos perdone todos nuestros pecados por amor de nuestro Señor Jesucristo, nos fortalezca en toda bondad y por el poder del Espíritu Santo nos guarde en la vida eterna. **Amén.**
— *Morning Prayer II y Evening Prayer II*◊†‡

En el nombre del Padre, y del Hijo
y del Espíritu Santo. **Amén.**

Cuaresma

Para la oración en solitario, «nosotros / nos» se puede cambiar a «yo / mí» en la confesión inicial y en la oración final por la absolución.

La Cruz

En el nombre del Padre, y del Hijo
y del Espíritu Santo. **Amén.**

Santísimo Padre de misericordia
confesamos a ti y los unos a los otros,
y a toda la comunión de los santos
en el cielo y en la tierra,
que hemos pecado por nuestra propia culpa,
en pensamiento, palabra y obra;
por lo que hemos hecho,
y por lo que hemos dejado de hacer.

No te hemos amado
con todo nuestro corazón, mente y fuerza.
No hemos amado a nuestro prójimo como a nosotros mismos.
No hemos perdonado a otros
como hemos sido perdonados.
Acepta nuestro arrepentimiento
y restáuranos, buen Señor.
Cumple en nosotros tu obra de salvación,
para que podamos mostrar tu gloria en el mundo.
— *del Confiteor adaptado, Miercoles de Ceniza*◊‡

La Invitación

A ti, oh Señor, elevo mi alma.
Dios mío, en ti he confiado; no dejes que me avergüence.
Señor, acuérdate de tus misericordias y de tu bondad,
porque son de los viejos tiempos.
No te acuerdes de los pecados de mi juventud, ni de mis transgresiones.
Acuérdate de mí según tu amorosa bondad,
por tu bondad, Señor.
Bueno y recto es el Señor,
por lo que instruirá a los pecadores en el camino.
Él guiará a los humildes en la justicia.
Enseñará a los humildes su camino.
— *Salmo 25:1-2, 6-9*

Las Cuentas Cruciformes

«He aquí que vienen los días,» dice el Señor,
«en los que haré un nuevo pacto.
Pondré mi ley en su interior,
y la escribiré en su corazón.
Yo seré su Dios,
y ustedes serán mi pueblo.»
— *Jeremías 31:31, 33*†

Las Semanas

Dios no envió a su Hijo al mundo para juzgar al mundo,
sino para que el mundo se salve por él.
— *Juan 3:17*

después de la séptima cuenta:
Gloria al Padre, y al Hijo
y al Espíritu Santo.
**Como era en el principio, ahora y siempre,
por los siglos de los siglos. Amén.**

El Despido

Déjame oír la alegría y el gozo,
para que los huesos que has roto se alegren.
Esconde tu rostro de mis pecados,
y borra todas mis iniquidades.
Crea en mí un corazón limpio, oh Dios;
renueva un espíritu recto dentro de mí.
No me eches de tu presencia,
y no me quites tu Espíritu Santo.
Devuélveme la alegría de tu salvación.
Sosténgame con un espíritu dispuesto.
— *Salmo 51:8-9, 10-12*†

Que Dios todopoderoso tenga piedad de nosotros, nos perdone todos nuestros pecados por amor de nuestro Señor Jesucristo, nos fortalezca en toda bondad y por el poder del Espíritu Santo nos guarde en la vida eterna. **Amén.**
— *Morning Prayer II y Evening Prayer II*◊†‡

Domingo de Ramos

La Cruz

En el nombre del Padre, y del Hijo
y del Espíritu Santo. **Amén.**

¡Hosanna al hijo de David!
¡Bendito el que viene en el nombre del Señor!
¡Hosanna en las alturas!
— *Mateo 21:9*

La Invitación

Denle gracias al Señor, porque es bueno,
porque su bondad perdura por siempre.
Que diga Israel ahora
que su bondad perdura por siempre.
Ábreme las puertas de la justicia.
Entraré en ellos.
Le daré gracias al Señor.
Esta es la puerta del Señor;
los justos entrarán en ella.
Te daré gracias, porque me has respondido,
y te has convertido en mi salvación.
La piedra que desecharon los constructores
se ha convertido en la piedra angular.
Esto es obra del Señor.
Es maravilloso a nuestros ojos.
Este es el día que el Señor ha hecho.
Nos regocijaremos y nos alegraremos por ello!
Oh, denle gracias al Señor, porque es bueno,
porque su bondad perdura por siempre.
— *Salmo 118:1-2, 19-24, 29*[†]

Las Cuentas Cruciformes

¡Alégrate mucho, hija de Sión!
¡Grita, hija de Jerusalén!
He aquí que tu Rey viene a ti.
Es justo y tiene salvación;
humilde, y montado en un burro,
incluso en un potro, la cría de un burro.
— *Zacarías 9:9, cf. Juan 12:15*

Las Semanas

¡Bendito el Rey que viene en el nombre del Señor!
¡Paz en el cielo y gloria en las alturas!
— *Lucas 19:38*

después de la séptima cuenta:
Gloria al Padre, y al Hijo
y al Espíritu Santo.
**Como era en el principio, ahora y siempre,
por los siglos de los siglos. Amén.**

El Despido

¡Regocíjense en el Señor, todas las naciones!
**Sirvan al Señor con alegría,
y vengan ante su presencia con cánticos.**
Sepan que el Señor es Dios;
**él nos hizo, y no nosotros mismos;
pueblo suyo somos, y las ovejas de su rebaño.**
Entren por sus puertas con acción de gracias,
**y en sus atrios con alabanzas;
denle gracias y bendigan su nombre.**

Porque bueno es el Señor;
su amorosa bondad perdura por siempre,
su fidelidad a todas las generaciones.
— *Jubilate, Salmo 100*□*†

En el nombre del Padre, y del Hijo
y del Espíritu Santo. **Amén.**

~

SEMANA SANTA (ANTES DEL JUEVES)

La Cruz

En el nombre del Padre, y del Hijo
y del Espíritu Santo. **Amén.**

¿No les importa, ustedes los que pasan por acá?
Miren, y vean si hay alguna pena como la mía,
que se me ha echado encima,
con la que el Señor me ha afligido.
— *Lamentaciones 1:12*†

La Invitación

Oh Señor, no te acuerdes de nuestros pecados,
ni de los de nuestros padres;
ni nos recompenses según nuestros pecados.
Perdónanos, buen Señor; perdona a tu pueblo,
que redimiste con tu preciosísima sangre,
y, por tu misericordia, presérvanos para siempre.
Presérvanos, buen Señor.
Presérvanos, buen Señor.
— *La Gran Letanía*□†, ◊‡

Las Cuentas Cruciformes

Oh Cordero de Dios, que quitas los pecados del mundo:
ten piedad de nosotros.
Oh Cordero de Dios, que quitas los pecados del mundo:
ten piedad de nosotros.
Oh Cordero de Dios, que quitas los pecados del mundo:
concédenos tu paz.
— *Agnus Dei*□†

Las Semanas

Se oran estas oraciones en orden, una por cada cuenta.

1. De todo mal y daño; del pecado; de las astucias y asaltos del diablo; de tu ira; y de la condenación eterna,
líbranos, buen Señor.

2. De ceguedad de corazón; de soberbia, vanagloria e hipocresía; de envidia, odio y mala voluntad; y de toda falta de caridad,
líbranos, buen Señor.

3. De toda afección desordenada y pecaminosa; y de todos los engaños del mundo, del demonio y de la carne,
líbranos, buen Señor.

4. De rayos y tempestades; de incendios, terremotos e inundaciones; de la plaga, peste y hambre; de guerra y asesinato; y de muerte repentina,
líbranos, buen Señor.

5. De toda opresión, conspiración secreta y rebelión; de toda falsa doctrina, herejía y cisma; de todo endurecimiento de corazón; y de menosprecio de tu palabra y de tus mandamientos,
líbranos, buen Señor.

6. Por el misterio de tu santa encarnación; por tu cruz y pasión; por tu muerte, resurrección y ascensión; y por la venida del Espíritu Santo,
líbranos, buen Señor.

7. En todo el tiempo de nuestra tribulación; en todo el tempo de nuestra prosperidad; en la hora de la muerte; y en el día del juicio,
líbranos, buen Señor.
— *La Gran Letanía*□†

después de la séptima cuenta:
Gloria al Padre, y al Hijo
y al Espíritu Santo.
**Como era en el principio, ahora y siempre,
por los siglos de los siglos. Amén.**

El Despido

Cristo Señor: defiéndenos de nuestros enemigos.
Mira con bondad nuestro sufrimiento.
En tu piedad nota el dolor de nuestros corazones.
En tu compasión perdona los pecados de tu pueblo.
Con misericordia escucha nuestras oraciones.
Hijo de David, ten piedad de nosotros.
Cristo Señor: escúchanos ahora y siempre.
**En tu gracia, Cristo, óyenos;
en tu piedad, Cristo Señor, escúchanos.**
— *La Gran Letanía*♦

En el nombre del Padre, y del Hijo
y del Espíritu Santo. **Amén.**

Jueves Santo

La Cruz

En el nombre del Padre, y del Hijo
y del Espíritu Santo. **Amén.**

Amo al Señor, porque escucha mi voz
y mis gritos de piedad;
porque ha vuelto su oído hacia mí.
Por lo que lo invocaré mientras viva.
— *Salmo 116:1-2*

Padre nuestro,
que estás en el cielo,
santificado sea tu nombre.
Venga tu reino;
hágase tu voluntad
en la tierra como en el cielo.
Danos hoy nuestro pan de cada día.
Perdona nuestras ofensas,
como también nosotros perdonamos
a los que nos ofenden.
No nos dejes caer en la tentación,
y líbranos del mal.
Porque tuyo es el reino, el poder y la gloria,
ahora y por siempre. Amén.

La Invitación

Este día será un memorial para ustedes.
Lo celebrarán como una fiesta para el Señor.
Lo celebrarán como una fiesta
a lo largo de sus generaciones.
— *Éxodo 12:14*

Las Cuentas Cruciformes

Ustedes me llaman «Maestro» y «Señor».
Lo dicen con razón, porque así soy.
Si yo les he lavado los pies,
también ustedes deben lavarse los pies unos a otros.
Porque les he dado ejemplo,
para que también hagan lo que yo he hecho con ustedes.
Si saben estas cosas,
dichosos ustedes si las hacen.
— *Juan 13:13-15, 17*

Las Semanas

Un nuevo mandamiento les doy a ustedes:
que se amen unos a otros.
**Como yo los he amado,
también ámense ustedes unos a otros.**
— *Juan 13:34*[†]

después de la séptima cuenta:
Gloria al Padre, y al Hijo
y al Espíritu Santo.
**Como era en el principio, ahora y siempre,
por los siglos de los siglos. Amén.**

El Despido

He recibido del Señor lo que también les he transmitido a ustedes:
**que el Señor Jesús,
la noche en la que fue entregado, tomó pan.**
Después de dar gracias, lo partió y dijo:
**«Tomen, coman. Esto es mi cuerpo, que es partido por ustedes.
Hagan esto en memoria mía.»**

De la misma manera,
tomó también la copa después de la cena, diciendo:
«Esta copa es la nueva alianza en mi sangre.
Hagan esto, todas las veces que beban, en memoria mía.»
Porque todas las veces que coman este pan y beban esta copa,
proclamarán la muerte del Señor hasta que venga.
— *1 Corintios 11:23-26*

Cristo nuestra Pascua se ha sacrificado por nosotros;
por lo tanto, celebremos la fiesta.
— *1 Corintios 5:7-8*†

En el nombre del Padre, y del Hijo
y del Espíritu Santo. **Amén.**

VIERNES SANTO

La Cruz

En el nombre del Padre, y del Hijo
y del Espíritu Santo. **Amén.**

Pueblo mío, ¿qué te he hecho?
¿Cómo te he agobiado? ¡Respóndeme!
¿Qué podría haber hecho por ti que no he hecho?
Yo te saqué de la tierra de Egipto,
y te redimió de la casa de la esclavitud.
Yo te di un cetro real,
y tú me diste una corona de espinas.
Yo te exalté con gran poder,
y tú me levantaste sobre la cruz.
— *Miqueas 6:3-4; the Reproaches (James Healey Willan, 1912)*‡

o

¿Estuviste allí cuando crucificaron a mi Señor?
¿Estuviste allí cuando crucificaron a mi Señor?
Oh, a veces me hace temblar,
temblar,
temblar.
¿Estuviste allí cuando crucificaron a mi Señor?

¿Estuviste allí cuando lo clavaron al árbol?
¿Estuviste allí cuando lo clavaron al árbol?
Oh, a veces me hace temblar,
temblar,
temblar.
¿Estuviste allí cuando lo clavaron al árbol?

¿Estuviste allí cuando lo pusieron en la tumba?
¿Estuviste allí cuando lo pusieron en la tumba?
Oh, a veces me hace temblar,
temblar,
temblar.
¿Estuviste allí cuando lo pusieron en la tumba?
— *Espiritual afroamericano*

La Invitación

Dios mío, Dios mío, ¿por qué me has abandonado?
¿Por qué estás tan lejos de ayudarme,
y de las palabras de mi gemido?
Dios mío, clamo de día, pero no respondes;
en la estación de la noche, y no guardo silencio.
Pero tú eres santo,
tú que habitas las alabanzas de Israel.
Nuestros padres confiaron en ti.
Confiaron, y tú los entregaste.
Clamaron a ti y fueron liberados.
Confiaron en ti, y no quedaron decepcionados.
No te alejes de mí, porque la angustia está cerca.
Porque no hay nadie que ayude.

Se reparten mis vestidos entre ellos.
Echaron a suertes mi ropa.
Pero no te alejes, Señor.
Tú eres mi ayuda. Apresúrate a ayudarme.
Libra mi alma de la espada,
mi preciosa vida del poder del perro.
— *Salmo 22:1-5, 18-20*†

Las Cuentas Cruciformes

Ciertamente ha soportado nuestra enfermedad
y llevado nuestro sufrimiento;
y nosotros lo tuvimos por plagado,
por golpeado de Dios y afligido.
Pero fue herido por nuestras transgresiones.
Fue aplastado por nuestras iniquidades.
El castigo que trajo nuestra paz estuvo en él;
y por sus llagas quedamos curados.
Todos nosotros, como ovejas, nos hemos extraviado.
Cada uno se ha apartado a su camino;
y el Señor le ha cargado a él la iniquidad de todos nosotros.
— *Isaías 53:4-5* *※†

Las Semanas

Cuando Jesús recibió el vinagre, dijo: «¡Se acabó!»
Entonces inclinó la cabeza y entregó su espíritu.
— *Juan 19:30*

después de la séptima cuenta:
Gloria al Padre, y al Hijo
y al Espíritu Santo.
Como era en el principio, ahora y siempre,
por los siglos de los siglos. Amén.

El Despido

«Este es el pacto que haré con ellos:
después de aquellos días,» dice el Señor,
«Pondré mis leyes en su corazón;
también las escribiré en su mente;
no me acordaré más de sus pecados e iniquidades.»
— *Hebreos 10:16-17*

Santo Dios,
Santo Fuerte,
Santo Inmortal,
ten piedad de nosotros.
— *Trisagio*

En el nombre del Padre, y del Hijo
y del Espíritu Santo. **Amén.**

∽

SÁBADO SANTO

La Cruz

En el nombre del Padre, y del Hijo
y del Espíritu Santo. **Amén.**

Creo en Dios,
Padre todopoderoso.
creador del cielo y de la tierra;
Creo en Jesucristo, su único Hijo, nuestro Señor,
que fue concebido por el Espíritu Santo;
nació de la Virgen María;
padeció bajo el poder de Poncio Pilato;
fue crucificado, muerto y sepultado.
Descendió al Hades.
Al tercer día resucitó de entre los muertos.

Subió a los cielos,
y está sentado a la diestra de Dios, Padre todopoderoso,
de donde ha de venir a juzgar a los vivos y a los muertos.
Creo en el Espíritu Santo,
la santa Iglesia católica,
la comunión de los santos,
el perdón de los pecados,
la resurrección del cuerpo,
y la vida eterna. Amén.
— *El Credo de los Apóstoles*□†

La Invitación

Guarda a tu pueblo, Señor, y bendice tu heredad;
dirígenos y mantennos, ahora y siempre.
Día a día te bendecimos;
alabamos tu nombre para siempre.
Señor, aléjanos de todo pecado hoy;
ten piedad de nosotros, Señor, ten piedad.
Señor, muéstranos tu amor y tu piedad;
pues confiamos en ti.
Tú, Señor, eres nuestra esperanza;
y no esperamos nunca en vano.
— *Versículos y Respuestas, Morning Prayer II*◊‡

Las Cuentas Cruciformes

Todos nosotros, como ovejas, nos hemos extraviado.
Cada uno se ha apartado a su camino;
y el Señor le ha cargado a él
la iniquidad de todos nosotros.
— *Isaías 53:6*†

Las Semanas

Kyrie eleison.
Christe eleison.
Kyrie eleison.

después de la séptima cuenta:
Gloria al Padre, y al Hijo
y al Espíritu Santo.
Como era en el principio, ahora y siempre,
por los siglos de los siglos. Amén.

El Despido

Acuérdate de mi aflicción y de mi miseria,
el ajenjo y la amargura.
Mi alma aún los recuerda,
y se inclina dentro de mí.
Esto lo recuerdo en mi mente;
por lo tanto, tengo esperanza.
La bondad amorosa del Señor nunca falla;
sus misericordias nunca se agotan.
Son nuevas cada mañana.
Grande es tu fidelidad.
«El Señor es mi porción,» dice mi alma.
«Por lo tanto, esperaré en él.»
— *Lamentaciones 3:19-24*[†]

En el nombre del Padre, y del Hijo
y del Espíritu Santo. **Amén.**

∽

La Vigilia Pascual

La Cruz

En el nombre del Padre, y del Hijo
y del Espíritu Santo. **Amén.**

En esta santísima noche *(o mañana)*,
acogemos la luz de Cristo.
Acogemos la luz de Cristo.
Gracias a Dios.

La Invitación

Alégrense, coros de ángeles y huestes celestiales,
griten salvación con sus clarines
por la victoria de nuestro Rey tan poderoso.
Alégrate y canta, tierra entera,
brilla en tu glorioso resplandor,
pues nuestro eterno Rey ha vencido las tinieblas.
Alégrate y celebra, Madre Iglesia;
que tus santos atrios, resplandecientes,
resuenen con las alabanzas de tu pueblo.
— *Exultet*♦

Las Cuentas Cruciformes

No teman,
porque sé que buscan a Jesús, que fue crucificado.
¿Por qué buscan al vivo entre los muertos?
Vengan a ver el lugar donde yacía el Señor.
— *Mateo 28:5-6*†, *Lucas 24:5*

Las Semanas

No está aquí,
porque ha resucitado, tal como dijo.
— *Mateo 28:6*

después de la séptima cuenta:
Gloria al Padre, y al Hijo
y al Espíritu Santo.
**Como era en el principio, ahora y siempre,
por los siglos de los siglos. Amén.**

El Despido

Vino María Magdalena y contó a los discípulos:
«¡Yo he visto al Señor!»
— *Juan 20:18*[†]

Dios de Poder:
**por la Pascua de tu Hijo nos has sacado
del pecado a la rectitud y de la muerte a la vida;
Otorga, a los que son sellados por tu Espíritu,
la voluntad y el poder de proclamarte ante todo el mundo;
por Jesucristo nuestro Señor.**
— *La Colecta para Ezequiel 37:1-14, La Vigilia Pascual*[♦]

En el nombre del Padre, y del Hijo
y del Espíritu Santo. **Amén.**

~

La Cruz

¡Aleluya! Cristo ha resucitado.
El Señor en verdad ha resucitado. ¡Aleluya!
— *La Aclamación Pascual*

En el nombre del Padre, y del Hijo
y del Espíritu Santo. **Amén.**

En este monte, el Señor de los Ejércitos
hará a todos los pueblos un festín
de carne selecta, de vinos selectos.
Él destruirá el velo que se extiende sobre todas las naciones.
¡Él se ha tragado la muerte para siempre!
El Señor Dios enjugará las lágrimas de todos los rostros.
Quitará el oprobio de su pueblo de toda la tierra,
porque el Señor lo ha dicho.
— *Isaías 25:6-8*

La Invitación

Porque les he transmitido lo que yo también recibí:
que Cristo murió por nuestros pecados,
que fue sepultado,
que resucitó al tercer día,
que se apareció a Cefas
y luego a los doce.
Así lo predicamos,
y así lo han creído ustedes.
— *1 Corintios 15:3-5, 11*

Las Cuentas Cruciformes

del día de Pascua:
Ustedes no se asombren.
Buscan a Jesús, que fue crucificado.
Ha resucitado. Él no está aquí.
Vean el lugar donde lo pusieron.
— *Marcos 16:6*[†]

del tercer domingo de Pascua:
El Señor sopló sobre ellos y les dijo:
«La paz sea con ustedes.
Como el Padre me envió, así envío a ustedes.
¡Reciban el Espíritu Santo!
Si perdonan los pecados a alguien,
les serán perdonados.»
— *Juan 20:21-23*[†]

del quinto domingo de Pascua:
Amados, ahora somos hijos de Dios.
Todavía no se ha revelado lo que seremos;
pero sabemos que, cuando él se revele,
seremos como él;
porque lo veremos tal como es.
— *1 Juan 3:2*

Las Semanas

del día de Pascua:
¡Aleluya! Cristo ha resucitado.
El Señor en verdad ha resucitado. ¡Aleluya!
— *La Aclamación Pascual*¤

del segundo domingo de Pascua:
«Alcanza aquí tu dedo y mira mis manos.
No dudes, sino cree.»
— *Juan 20:27*[†]

del tercer domingo de Pascua:
¡Miren qué gran amor nos ha dado el Padre,
para que seamos llamados hijos de Dios!
— *1 Juan 3:1*

del quarto domingo de Pascua:
Yo soy el buen pastor, y conozco a mis ovejas,
y las mías me conocen a mí.
— *Juan 10:14*†

del quinto domingo de Pascua:
En el amor no hay temor;
sino que el amor perfecto echa fuera el temor.
— *1 Juan 4:18*

del sexto domingo de Pascua:
Ustedes no me eligieron a mí, sino que yo los elegí a ustedes.
Y los he designado para que vayan y den fruto,
y su fruto permanezca.
— *Juan 15:16*

del séptimo domingo de Pascua:
No les corresponde a ustedes
saber los tiempos o las épocas del Reino,
Pero recibirán poder cuando el Espíritu Santo haya venido.
— *Hechos 1:7-8*†

después de la séptima cuenta:
Gloria al Padre, y al Hijo
y al Espíritu Santo.
Como era en el principio, ahora y siempre,
por los siglos de los siglos. Amén.

El Despido

El Señor es mi fuerza y mi canción.
Se ha convertido en mi salvación.

La voz de la alegría y la salvación
está en las tiendas de los justos.
No moriré, sino que viviré,
y declararé las obras del Señor.
El Señor me ha castigado severamente,
pero no me ha entregado a la muerte.
Ábreme las puertas de la justicia.
Entraré en ellas. Le daré gracias al Señor.
La piedra que desecharon los constructores
se ha convertido en la piedra angular.
Esto es obra del Señor.
Es maravilloso a nuestros ojos.
Este es el día que el Señor ha hecho.
Nos regocijaremos y nos alegraremos por ello!
— *Salmo 118:14-15, 17-19, 22-24*†

En el nombre del Padre, y del Hijo
y del Espíritu Santo. **Amén.**

~

El Reino

La Cruz

En el nombre del Padre, y del Hijo
y del Espíritu Santo. **Amén.**

El Señor Dios dice:
«He aquí que yo mismo buscaré a mis ovejas,
y las reconoceré.
Las libraré de todos los lugares
donde se han dispersado.
Las sacaré de los pueblos,
las reuniré de las tierras
y las llevaré a su propia tierra.

Las alimentaré junto a los cursos de agua;
las alimentaré en buenos pastos.
Se acostarán en un buen redil.
Se alimentarán en ricos pastos sobre los montes de Israel.
Yo mismo seré el pastor de mis ovejas,
y haré que se acuesten,» dice el Señor Dios.
«Buscaré a la que se perdió;
haré volver a la que fue expulsada;
vendaré a la que estaba rota.»
— *Ezequiel 34:11-16*†

La Invitación

En cuanto a los tiempos y las estaciones,
ustedes mismos saben bien que el día del Señor
viene como un ladrón en la noche.
Todos ustedes son hijos de la luz
e hijos del día.
No pertenecemos a la noche
ni a las tinieblas;
así que no durmamos, como los demás,
sino que velemos y seamos sobrios.
Pues, exhórtense unos a otros,
y edifíquense mutuamente.
— *1 Tesalonicenses 5:1-2, 5-6, 11*

Las Cuentas Cruciformes

Guarden silencio ante la presencia del Señor Dios,
pues el día del Señor está cerca.
Porque el Señor ha preparado un sacrificio.
Ha consagrado a sus invitados.
— *Sofonías 1:7*†

Las Semanas

He aquí que él viene con las nubes,
y todo ojo lo verá. Así, pues, amén.
— *Apocalipsis 1:7*

después de la séptima cuenta:
Gloria al Padre, y al Hijo
y al Espíritu Santo.
**Como era en el principio, ahora y siempre,
por los siglos de los siglos. Amén.**

El Despido

Ahora despides, Señor, a tu siervo en paz,
conforme a tu palabra.
Porque han visto mis ojos tu salvación,
que has preparado delante de todos los pueblos;
una luz para la revelación a las naciones,
y la gloria de tu pueblo Israel.
— *Nunc dimittis, Lucas 2:29-32* #□†

En el nombre del Padre, y del Hijo
y del Espíritu Santo. **Amén.**

Festividades y Ayunos Móviles

La Creación: el Segundo Domingo antes de Cuaresma

La Cruz

En el nombre del Padre, y del Hijo
y del Espíritu Santo. **Amén.**

En el principio, Dios creó los cielos
y Dios creó la tierra.
Dios dijo: «Que se haga la luz», y se hizo la luz.
Dios vio la luz y vio que era buena.
— *Génesis 1:1, 3-4*[†]

La Invitación

Vengan, celebremos alegremente al Señor;
cantemos con júbilo a la roca de nuestra salvación.
Lleguemos ante su presencia con alabanza;
aclamémosle con cánticos.
Porque el Señor es un gran Dios,
y un gran Rey sobre todos los dioses.
Porque en su mano están las profundidades de la tierra;
y las alturas de los montes son suyas.

Suya también la mar, pues él la hizo;
y sus manos formaron la tierra seca.
Vengan, adoremos y postrémonos;
arrodillémonos delante del Señor nuestro Hacedor.
Porque él es el Señor nuestro Dios;
nosotros el pueblo de su dehesa,
y las ovejas de su mano.
¡Oh, que hoy escuchen su voz!
— *Venite, Salmo 95:1-7*□∗†

Las Cuentas Cruciformes

¿No grita la sabiduría?
¿La comprensión no levanta la voz?
«El Señor me poseyó en el comienzo de su obra,
antes de sus hechos de antiguo.
Fui establecido desde siempre,
antes de que la tierra existiera.»
— *Proverbios 8:1, 22-23*

Las Semanas

La luz brilla en las tinieblas,
y las tinieblas no la han vencido.
El Verbo se hizo carne y vivió entre nosotros.
Vimos su gloria, llena de gracia y de verdad.
— *Juan 1:5, 14*

después de la séptima cuenta:
Gloria al Padre, y al Hijo
y al Espíritu Santo.
Como era en el principio, ahora y siempre,
por los siglos de los siglos. Amén.

El Despido

¡Digno eres tú, Señor y Dios nuestro, el Santo,
de recibir la gloria, el honor y el poder,
porque tú creaste todas las cosas:
por tu deseo existieron,
y por tu voluntad fueron creadas!
— *Apocalipsis 4:11*†

En el nombre del Padre, y del Hijo
y del Espíritu Santo. **Amén.**

∽

La Transfiguración: el Último Domingo antes de Cuaresma

Se encuentra en Festividades Fijas, el 6 de agosto.

∽

La Ascensión

La Cruz

¡Aleluya! Cristo ha resucitado.
El Señor en verdad ha resucitado. ¡Aleluya!
— *La Aclamación Pascual*▫

En el nombre del Padre, y del Hijo
y del Espíritu Santo. **Amén.**

Creo en Dios,
Padre todopoderoso.
creador del cielo y de la tierra;
Creo en Jesucristo, su único Hijo, nuestro Señor,
que fue concebido por el Espíritu Santo;
nació de la Virgen María;

padeció bajo el poder de Poncio Pilato;
fue crucificado, muerto y sepultado.
Descendió al Hades.
Al tercer día resucitó de entre los muertos.
Subió a los cielos,
y está sentado a la diestra de Dios, Padre todopoderoso,
de donde ha de venir a juzgar a los vivos y a los muertos.
Creo en el Espíritu Santo,
la santa Iglesia católica,
la comunión de los santos,
el perdón de los pecados,
la resurrección del cuerpo,
y la vida eterna. Amén.
— *El Credo de los Apóstoles*□†

La Invitación

He oído de la fe en el Señor Jesús que hay entre ustedes,
y del amor que tienen hacia todos los santos;
así que no ceso de dar gracias por ustedes,
pidiendo en mis oraciones
que el Dios de nuestro Señor Jesucristo,
el Padre de la gloria,
les dé a ustedes un espíritu de sabiduría
para iluminar los ojos de sus corazones,
para que sepan cuál es la esperanza de su llamamiento,
y cuáles son las riquezas de su gloria.
— *Efesios 1:15-18*†

Las Cuentas Cruciformes

Mientras Jesús los bendecía,
se apartó de ellos
y fue llevado al cielo.
Ellos lo adoraron
y volvieron a Jerusalén
con gran alegría.

Estaban continuamente en el templo,
alabando y bendiciendo a Dios.
— *Lucas 24:51-53*

Las Semanas

No les corresponde a ustedes
saber los tiempos o las épocas del Reino,
Pero recibirán poder cuando el Espíritu Santo haya venido.
— *Hechos 1:7-8*†

después de la séptima cuenta:
Gloria al Padre, y al Hijo
y al Espíritu Santo.
Como era en el principio, ahora y siempre,
por los siglos de los siglos. Amén.

El Despido

Los ángeles dijeron: «Hombres de Galilea,
¿por qué están mirando al cielo?
Este Jesús, que ha sido recibido por ustedes al cielo,
volverá de la misma manera
que lo han visto subir.»
— *Hechos 1:11*†

En el nombre del Padre, y del Hijo
y del Espíritu Santo. **Amén.**

∽

PENTECOSTÉS

La Cruz

En el nombre del Padre, y del Hijo
y del Espíritu Santo. **Amén.**

¡Señor, cuántas son tus obras!
Con sabiduría, los has hecho todos.
La tierra está llena de sus riquezas.
Ahí está el mar, grande y ancho,
en el que hay innumerables seres vivos,
tanto a los animales pequeños como a los grandes.
Ahí van los barcos,
y el leviatán, que se formó para jugar allí.
Todos ellos te esperan,
para que les des su comida a su debido tiempo.
Tú les das; ellos recogen.
Abres la mano; se conforman con el bien.
Escondes tu rostro; están turbados.
Les quites el aliento;
mueren y vuelven al polvo.
Envías tu Espíritu y son creados.
Renuevas la cara de la tierra.
Que la gloria del Señor sea eterna.
Que se regocije en sus obras.
Él mira la tierra y ésta tiembla.
Toca las montañas y éstas echan humo.
Cantaré al Señor mientras viva.
Cantaré alabanzas a mi Dios mientras tenga algún ser.
Que mi meditación sea dulce para él.
Me regocijaré en el Señor.
— *Salmo 104:24-34*

La Invitación

Será en los últimos días, dice Dios,
que derramaré mi Espíritu sobre toda la carne.
Sus hijos y tus hijas profetizarán.
Sus jóvenes verán visiones.
Sus viejos soñarán sueños.
Sí, y sobre mis siervos y mis siervas en aquellos días,
derramaré mi Espíritu, y ellos profetizarán.
Mostraré maravillas en el cielo,
y señales en la tierra de abajo:
sangre, y fuego y oleadas de humo.
El sol se convertirá en oscuridad,
y la luna en sangre,
antes de que llegue el gran y glorioso día del Señor.
Pero el que invoque el nombre del Señor se salvará.
— *Hechos 2:17-21, cf. Joel 2:28-32*

Las Cuentas Cruciformes

Jesús dijo: «La paz sea con ustedes.
Como el Padre me envió, así envío a ustedes.»
Dicho esto, sopló sobre ellos y les dijo:
«¡Reciban el Espíritu Santo!
Si perdonan los pecados a alguien, les serán perdonados.
Si retienen los pecados de alguien, les son retenidos.»
— *Juan 20:21-23*[†]

Las Semanas

Cuando el Espíritu de la verdad haya venido,
los guiará a ustedes a toda la verdad.
— *Juan 16:13*

después de la séptima cuenta:
Gloria al Padre, y al Hijo
y al Espíritu Santo.
Como era en el principio, ahora y siempre,
por los siglos de los siglos. Amén.

El Despido

Levántate, brilla, porque ha llegado tu luz,
y la gloria del Señor se ha levantado sobre ti.
Porque he aquí que las tinieblas cubrirán la tierra,
y espesa oscuridad a los pueblos;
pero sobre ti se levantará el Señor,
y su gloria se verá en ti.
Las naciones vendrán a tu luz,
y los reyes al brillo de tu ascenso.
Tus puertas estarán siempre abiertas;
no se cerrarán ni de día ni de noche.
Te llamarán Ciudad del Señor,
la Sión del Santo de Israel.
No se oirá más la violencia en tu tierra,
ni desolación ni destrucción dentro de tus fronteras.
Tú llamarás a tus muros Salvación,
y a tus puertas Alabanza.
El sol ya no será tu luz de día;
ni el brillo de la luna te alumbrará;
sino que el Señor será tu luz eterna,
y tu Dios será tu gloria.
— *Surge illuminare, Isaías 60:1-3, 11, 14, 18-19*†

En el nombre del Padre, y del Hijo
y del Espíritu Santo. **Amén.**

La Santísima Trinidad

La Cruz

En el nombre del Padre, y del Hijo
y del Espíritu Santo. **Amén.**

Creo en Dios,
Padre todopoderoso.
creador del cielo y de la tierra;
Creo en Jesucristo, su único Hijo, nuestro Señor,
que fue concebido por el Espíritu Santo;
nació de la Virgen María;
padeció bajo el poder de Poncio Pilato;
fue crucificado, muerto y sepultado.
Descendió al Hades.
Al tercer día resucitó de entre los muertos.
Subió a los cielos,
y está sentado a la diestra de Dios, Padre todopoderoso,
de donde ha de venir a juzgar a los vivos y a los muertos.
Creo en el Espíritu Santo,
la santa Iglesia católica,
la comunión de los santos,
el perdón de los pecados,
la resurrección del cuerpo,
y la vida eterna. Amén.
— *El Credo de los Apóstoles*□†

La Invitación

Oh Señor, nuestro Gobernador,
¡qué majestuoso es tu nombre en toda la tierra!
De los labios de los bebés y de los niños
tu majestad se alaba por encima de los cielos.
Has establecido tu fortaleza, a causa de tus adversarios,
para que acalles al enemigo y al vengador.

Cuando considero tus cielos, la obra de tus dedos,
la luna y las estrellas, que tú has ordenado,
¿qué es el ser humano, para que pienses en él?
¿Qué es su hijo, para que te preocupes por él?
Porque lo has hecho un poco más bajo que los ángeles,
y lo coronó de gloria y honor.
Lo haces gobernar sobre las obras de tus manos;
has puesto todas las cosas bajo sus pies:
todas las ovejas y el buey,
sí, y los animales del campo,
las aves del cielo, los peces del mar,
y todo lo que anda por los caminos de los mares.
Oh Señor, nuestro Gobernador,
¡qué majestuoso es tu nombre en toda la tierra!
— *Salmo 8*†

Las Cuentas Cruciformes

Alaben a Dios, de quien todas las bendiciones fluyen.
Alaben a Dios, todas las criaturas aquí abajo.
Alaben a Dios en lo alto, hueste celestial.
Alaben al Padre, al Hijo y al Espíritu Santo.
— *The Doxology (Obispo Thomas Ken, 1695)*‡

Las Semanas

Vayan y hagan discípulos a todas las naciones,
bautizándolos en el nombre
del Padre y del Hijo y del Espíritu Santo.
— *Mateo 28:19*

después de la séptima cuenta:
Gloria al Padre, y al Hijo
y al Espíritu Santo.
Como era en el principio, ahora y siempre,
por los siglos de los siglos. Amén.

El Despido

Dios todopoderoso y eterno,
que has concedido a tus siervos la gracia de reconocer
por la confesión de una verdadera fe
la gloria de la eterna Trinidad,
y en el poder de tu Majestad divina
adorar la Unidad:
consérvanos firmes en esta fe y adoración,
y llévanos finalmente a verte
en tu única gloria eterna.
Oh Padre, que con el Hijo
y el Espíritu Santo vives y reinas,
un solo Dios, ahora y por siempre.
— *La Colecta para el domingo de la Trinidad*^{□†, ◊‡}

En el nombre del Padre, y del Hijo
y del Espíritu Santo. **Amén.**

∽

Corpus Christi

La Cruz

En el nombre del Padre, y del Hijo
y del Espíritu Santo. **Amén.**

El Señor esté con ustedes
Y también contigo.
Elevemos los corazones.
Los elevamos al Señor.
Demos gracias al Señor, nuestro Dios.
Es justo y necesario.
— *La Santa Eucaristía II*♦

La Invitación

¿Qué le daré al Señor
por todos sus beneficios para mí?
Tomaré la copa de la salvación
e invocaré el nombre del Señor.
Pagaré mis votos al Señor,
sí, en la presencia de todo su pueblo.
Preciosa a los ojos del Señor es la muerte de sus santos.
Oh Señor, en verdad soy tu siervo.
Soy tu siervo, el hijo de tu sierva.
Me has liberado de mis cadenas.
Te ofreceré el sacrificio de acción de gracias,
e invocaré el nombre del Señor.
Pagaré mis votos al Señor,
sí, en la presencia de todo su pueblo,
en los atrios de la casa del Señor,
en medio de ti, Jerusalén. ¡Alleluia!
— *Salmo 116:12-19*

Las Cuentas Cruciformes

El Señor Jesus,
la noche en la que fue entregado, tomó pan.
Después de dar gracias, lo partió y dijo:
«Tomen, coman. Esto es mi cuerpo, que es partido por ustedes.
Hagan esto en memoria mía.»
De la misma manera,
tomó también la copa después de la cena, diciendo:
«Esta copa es la nueva alianza en mi sangre.
Hagan esto, todas las veces que beban, en memoria mía.»
Porque todas las veces que coman este pan y beban esta copa,
proclamarán la muerte del Señor hasta que venga.
— *1 Corintios 11:23-26*

Las Semanas

El que come mi carne y bebe mi sangre tiene la vida eterna,
y yo lo resucitaré en el último día.
— Juan 6:54

después de la séptima cuenta:
Gloria al Padre, y al Hijo
y al Espíritu Santo.
**Como era en el principio, ahora y siempre,
por los siglos de los siglos. Amén.**

El Despido

Dios creador,
**cuyo Hijo Cristo Jesús, nuestro Señor,
nos dejó en un maravilloso sacramento
el memorial de su pasión:
concede que veneremos los sagrados misterios
de su Cuerpo y Sangre
de tal manera que veamos siempre en nosotros
el fruto de su liberación;
por el mismo Jesucristo nuestro Señor,
que contigo y el Espíritu Santo vive y reina ahora y siempre.**
— *La Colecta de acción de gracias para la Santa Eucaristía*♦

En el nombre del Padre, y del Hijo
y del Espíritu Santo. **Amén.**

∼

Acción de Gracias por la Cosecha

La Cruz

En el nombre del Padre, y del Hijo
y del Espíritu Santo. **Amén.**

Cuando el Señor hizo volver a los que regresaron a Sión,
éramos como los que sueñan.
Entonces se nos llenó la boca de risa,
y nuestra lengua con el canto.
Entonces dijeron entre las naciones,
«El Señor ha hecho grandes cosas para ellos.»
El Señor ha hecho grandes cosas para nosotros,
y sí nos alegramos.
Restablece nuestra suerte, oh Señor,
como los arroyos del Néguev.
Los que siembran con lágrimas
cosecharán con alegría.
El que sale llorando, llevando semilla para sembrar,
ciertamente volverá con alegría, llevando sus gavillas.
— *Salmo 126*†

La Invitación

Vengan, celebremos alegremente al Señor;
cantemos con júbilo a la roca de nuestra salvación.
Lleguemos ante su presencia con alabanza;
aclamémosle con cánticos.
Porque el Señor es un gran Dios,
y un gran Rey sobre todos los dioses.
Porque en su mano están las profundidades de la tierra;
y las alturas de los montes son suyas.
Suya también la mar, pues él la hizo;
y sus manos formaron la tierra seca.
Vengan, adoremos y postrémonos;
arrodillémonos delante del Señor nuestro Hacedor.

Porque él es el Señor nuestro Dios;
nosotros el pueblo de su dehesa,
y las ovejas de su mano.
¡Oh, que hoy escuchen su voz!
— *Venite, Salmo 95:1-7*□*†

Las Cuentas Cruciformes

Les aseguro a ustedes que no fue Moisés
quien les dio el pan del cielo,
sino que mi Padre les da el verdadero pan del cielo.
Porque el pan de Dios
es el que baja del cielo
y da vida al mundo.
— *Juan 6:32-33*

Las Semanas

He aquí que he traído lo primero del fruto de la tierra,
que tú, oh Señor, me has dado.
— *Deuteronomio 26:10*

después de la séptima cuenta:
Gloria al Padre, y al Hijo
y al Espíritu Santo.
Como era en el principio, ahora y siempre,
por los siglos de los siglos. Amén.

El Despido

Padre bueno de la siembra y de los campos:
te damos gracias por los frutos de la tierra
que brotan según su temporada,
y la labor de quienes los cosechan.
Te rogamos que nos hagas
fieles mayordomos de tu gran bonanza,

para nuestro bienestar y el de los necesitados,
para gloria de tu nombre;
por Jesucristo, nuestro Señor,
que contigo y el Espíritu Santo vive y reina,
un solo Dios, ahora y siempre.
— *La Colecta para la Día de Acción de Gracias*◆

En el nombre del Padre, y del Hijo
y del Espíritu Santo. **Amén.**

~

El Reino de Cristo

La Cruz

En el nombre del Padre, y del Hijo
y del Espíritu Santo. **Amén.**

«Tú dices que soy un rey.
Para eso he nacido
y para eso he venido al mundo,
para dar testimonio de la verdad.
Todo el que es de la verdad escucha mi voz.»
— *Juan 18:37*

La Invitación

¡Regocíjense en el Señor, todas las naciones!
Sirvan al Señor con alegría,
y vengan ante su presencia con cánticos.
Sepan que el Señor es Dios;
él nos hizo, y no nosotros mismos;
pueblo suyo somos, y las ovejas de su rebaño.
Entren por sus puertas con acción de gracias,
y en sus atrios con alabanzas;
denle gracias y bendigan su nombre.

Porque bueno es el Señor;
su amorosa bondad perdura por siempre,
su fidelidad a todas las generaciones.
— *Jubilate, Salmo 100*□*†

Las Cuentas Cruciformes

Tuve hambre
y ustedes me dieron de comer.
Tuve sed
y me dieron de beber.
Fui forastero
y me acogieron.
Estuve desnudo
y me vistieron.
Estuve enfermo
y me visitaron.
Estuve en la cárcel
y vinieron a verme.
— *Mateo 25:35-36*

Las Semanas

Vengan, benditos de mi Padre,
hereden el reino preparado para ustedes,
preparado desde la fundación del mundo.
— *Mateo 25:34*†

después de la séptima cuenta:
Gloria al Padre, y al Hijo
y al Espíritu Santo.
Como era en el principio, ahora y siempre,
por los siglos de los siglos. Amén.

El Despido

He aquí que él viene con las nubes,
y todo ojo lo verá,
incluso los que lo traspasaron.
Todas las tribus de la tierra se lamentarán por él.
Así, pues, amén.
«Yo soy el Alfa y el Omega,» dice el Señor Dios,
«el que es, y el que era, y el que ha de venir, el Todopoderoso.»
— *Apocalipsis 1:7-8*

En el nombre del Padre, y del Hijo
y del Espíritu Santo. **Amén.**

Festividades Fijas

La Presentación: 2 de febrero

La Cruz

En el nombre del Padre, y del Hijo
y del Espíritu Santo. **Amén.**

¡Qué bonitas son tus moradas, oh Señor de los Ejércitos!
Mi alma anhela, y hasta se desmaya, por los atrios del Señor.
Mi corazón y mi carne claman por el Dios vivo.
Sí, el gorrión ha encontrado un hogar,
y la golondrina un nido para sí, donde pueda tener sus crías.
Dichosos los que habitan en tu casa.
Siempre te están alabando.
Dichosos los que tienen su fuerza en ti,
los que han puesto su corazón en una peregrinación.
Al pasar por el valle de las lágrimas,
lo convierten en un lugar de manantiales.
Sí, la lluvia de otoño lo cubre de bendiciones.
Van viento en popa.
— *Salmo 84:1-7*[†]

La Invitación

¡Levanten la cabeza, puertas!
Álcense, puertas eternas,
y el Rey de la gloria entrará.
¿Quién es el Rey de la gloria?
El Señor, fuerte y poderoso,
el Señor, poderoso en la batalla.
Levanten la cabeza, puertas;
sí, levántenla, puertas eternas,
y el Rey de la gloria entrará.
¿Quién es este Rey de la gloria?
¡El Señor de los Ejércitos es el Rey de la gloria!
— *Salmo 24:7-10*

Las Cuentas Cruciformes

Simeón dijo a María: «este niño está destinado
a la caída y al levantamiento de muchos en Israel.
Sí, y una espada atravesará tu propia alma.»
— *Lucas 2:34-35*[†]

Las Semanas

¡He aquí que envío a mi mensajero,
y él preparará el camino delante de mí!
He aquí que viene el mensajero de la alianza,
a quien tú deseas.
— *Malaquías 3:1*

después de la séptima cuenta:
Gloria al Padre, y al Hijo
y al Espíritu Santo.
Como era en el principio, ahora y siempre,
por los siglos de los siglos. Amén.

El Despido

Ahora despides, Señor, a tu siervo en paz,
conforme a tu palabra.
Porque han visto mis ojos tu salvación,
que has preparado delante de todos los pueblos;
una luz para la revelación a las naciones,
y la gloria de tu pueblo Israel.
Gloria al Padre, y al Hijo
y al Espíritu Santo.
**Como era en el principio, ahora y siempre,
por los siglos de los siglos. Amén.**
— *Nunc dimittis, Lucas 2:29-32* ✳□†

En el nombre del Padre, y del Hijo
y del Espíritu Santo. **Amén.**

∽

La Anunciación: 25 de marzo

La Cruz

En el nombre del Padre, y del Hijo
y del Espíritu Santo. **Amén.**

¡Dios te salve, María!
Llena eres de gracia; el Señor es contigo.
**Bendita tú eres entre todas las mujeres,
y bendito es el fruto de tu vientre, Jesús.**
Santa María, Madre de Dios,
**ruega por nosotros, pecadores,
ahora y en la hora de nuestra muerte.**

o

¡Dios te salve, María!
Llena eres de gracia; el Señor es contigo.
**Bendita tú eres entre todas las mujeres,
y bendito es el fruto de tu vientre, Jesús.**
El Espíritu Santo vendrá sobre ti,
y el poder del Altísimo te cubrirá con su sombra.
Por eso también el santo que nazca de ti
será llamado Hijo de Dios.
— *Ave María; Lucas 1:35, 42*[†]

La Invitación

Tu trono, oh Dios, es eterno y por siempre.
Un cetro de equidad es el cetro de tu reino.
Has amado la justicia y odiado la maldad.
**Por eso Dios, tu Dios,
te ha ungido con el aceite de la alegría.**
Escucha, hija, considera y vuelve tu oído.
Olvídate de tu propia gente, y también de la casa de tu padre.
Así el rey deseará tu belleza;
hónralo, pues es tu señor.
La hija de Tiro viene con un regalo.
Su ropa está entretejida con oro.
Será llevada al rey en una obra bordada.
Sus compañeras que la siguen, serán traídas a ti.
Con alegría y regocijo serán conducidos.
Entrarán en el palacio del rey.
Sus hijos ocuparán el lugar de sus padres.
Los harás príncipes en toda la tierra.
Haré que tu nombre sea recordado en todas las generaciones.
Por eso los pueblos te darán gracias por los siglos de los siglos.
— *Salmo 45:6-7, 10-17*

Las Cuentas Cruciformes

El ángel le dijo: «No temas, María,
porque has encontrado el favor de Dios.

He aquí que concebirás en tu seno y darás a luz a un hijo,
al que pondrás por nombre "Jesús".
Será grande y se llamará Hijo del Altísimo.
El Señor Dios le dará el trono de su padre David,
y reinará sobre la casa de Jacob para siempre.
Su Reino no tendrá fin.»
— *Lucas 1:30-33*

Las Semanas

«He aquí la sierva del Señor;
hágase en mí según tu palabra.»
— *Lucas 1:38*

después de la séptima cuenta:
Gloria al Padre, y al Hijo
y al Espíritu Santo.
**Como era en el principio, ahora y siempre,
por los siglos de los siglos. Amén.**

El Despido

Padre nuestro,
**que estás en el cielo,
santificado sea tu nombre.**
Venga tu reino;
**hágase tu voluntad
en la tierra como en el cielo.**
Danos hoy nuestro pan de cada día.
Perdona nuestras ofensas,
**como también nosotros perdonamos
a los que nos ofenden.**
No nos dejes caer en la tentación,
y líbranos del mal.
Porque tuyo es el reino, el poder y la gloria,
ahora y por siempre. Amén.

En el nombre del Padre, y del Hijo
y del Espíritu Santo. **Amén.**

~

La Visitación: **31 de mayo**

La Cruz

En el nombre del Padre, y del Hijo
y del Espíritu Santo. **Amén.**

¡Dios te salve, María!
Llena eres de gracia; el Señor es contigo.
**Bendita tú eres entre todas las mujeres,
y bendito es el fruto de tu vientre, Jesús.**
Santa María, Madre de Dios,
**ruega por nosotros, pecadores,
ahora y en la hora de nuestra muerte.**

o

¡Dios te salve, María!
Llena eres de gracia; el Señor es contigo.
**Bendita tú eres entre todas las mujeres,
y bendito es el fruto de tu vientre, Jesús.**
El Espíritu Santo vendrá sobre ti,
y el poder del Altísimo te cubrirá con su sombra.
Por eso también el santo que nazca de ti
será llamado Hijo de Dios.
— *Ave María; Lucas 1:35, 42*[†]

La Invitación

Busca al Señor mientras pueda ser encontrado.
Invócalo mientras esté cerca.

Que el malvado abandone su camino,
el inicuo sus pensamientos.
Que vuelva al Señor, y él se apiadará de él,
a nuestro Dios, el que perdonará libremente.
Porque mis pensamientos no son los pensamientos de ustedes,
y sus caminos no son mis caminos, dice el Señor.
Porque como los cielos son más altos que la tierra,
así que mis caminos son más altos que los suyos,
y mis pensamientos que sus pensamientos.
Porque como la lluvia baja del cielo, y la nieve,
y no vuelven allí, sino que riegan la tierra,
y lo hacen crecer y brotar,
y dan semilla al que siembra y pan al que come:
así es mi palabra que sale de mi boca;
no volverá a mí vacío,
pero logrará lo que yo quiera,
y prosperará en lo que le he mandado hacer.
— *Quaerite Dominum, Isaías 55:6-11*†

Las Cuentas Cruciformes

El Señor tu Dios está en medio de ti,
un poderoso que salvará.
Se alegrará de ti con su regocijo.
Te calmará en su amor.
Se alegrará de ti con cantos.
— *Sofonías 3:17*†

Las Semanas

«¡Bienaventurada la que ha creído,
porque se cumplirán las cosas
que le han dicho el Señor!»
— *Lucas 1:45*†

después de la séptima cuenta:
Gloria al Padre, y al Hijo
y al Espíritu Santo.
Como era en el principio, ahora y siempre,
por los siglos de los siglos. Amén.

El Despido

Mi alma engrandece al Señor,
y mi espíritu se alegra en Dios mi Salvador;
pues ha mirado la bajeza de su sierva;
he aquí, a partir de ahora,
todas las generaciones me llamarán dichosa.
El Poderoso me ha hecho grandes cosas,
y santo es su nombre.
Su misericordia es de generación a generación
sobre los que le temen.
Ha demostrado el poder de su brazo;
ha esparcido a los orgullosos
de la imaginación de sus corazones.
Ha derribado a los príncipes de sus tronos,
y ha exaltado a los humildes.
Ha colmado de bienes a los hambrientos,
y ha despedido a los ricos con las manos vacías.
Ha dado ayuda a Israel, su siervo,
acordándose de la misericordia,
como habló a nuestros padres,
a Abrahán y a su simiente para siempre.
— *Magnificat, Lucas 1:46-55*[*][□][†]

En el nombre del Padre, y del Hijo
y del Espíritu Santo. **Amén.**

La Transfiguración: 6 de agosto

La Cruz

En el nombre del Padre, y del Hijo
y del Espíritu Santo. **Amén.**

Es Dios quien dijo, «De las tinieblas resplandecerá la luz»,
quien ha brillado en nuestros corazones
para darnos la luz del conocimiento
de la gloria de Dios en el rostro de Jesucristo.
— *2 Corintios 4:6*†

La Invitación

Levántate, brilla, porque ha llegado tu luz,
y la gloria del Señor se ha levantado sobre ti.
Porque he aquí que las tinieblas cubrirán la tierra,
y espesa oscuridad a los pueblos;
pero sobre ti se levantará el Señor,
y su gloria se verá en ti.
Las naciones vendrán a tu luz,
y los reyes al brillo de tu ascenso.
Tus puertas estarán siempre abiertas;
no se cerrarán ni de día ni de noche.
Te llamarán Ciudad del Señor,
la Sión del Santo de Israel.
No se oirá más la violencia en tu tierra,
ni desolación ni destrucción dentro de tus fronteras.
Tú llamarás a tus muros Salvación,
y a tus puertas Alabanza.
El sol ya no será tu luz de día;
ni el brillo de la luna te alumbrará;
sino que el Señor será tu luz eterna,
y tu Dios será tu gloria.
— *Surge illuminare, Isaías 60:1-3, 11, 14, 18-19*†

Las Cuentas Cruciformes

Cristo recibió de Dios Padre el honor y la gloria
cuando le llegó la voz desde la gloria majestuosa.
Esta voz la oímos salir del cielo
cuando estábamos con él en el monte santo.
— *2 Pedro 1:17-18*

Las Semanas

«Este es mi Hijo amado,
en quien me complazco.
Escúchenlo.»
— *Mateo 17:5*

después de la séptima cuenta:
Gloria al Padre, y al Hijo
y al Espíritu Santo.
**Como era en el principio, ahora y siempre,
por los siglos de los siglos. Amén.**

El Despido

El Señor me dijo: «Tú eres mi hijo.
Hoy me he convertido en tu padre.
Pídeme y te daré las naciones como heredad,
los confines de la tierra para su posesión.
Ahora, pues, sean sabios, reyes.
Instrúyanse, jueces de la tierra.
Sirvan al Señor con temor, y regocíjense con el temblor.
Dichosos los que se refugian en él.
— *Salmo 2:7-8, 10-12*

En el nombre del Padre, y del Hijo
y del Espíritu Santo. **Amén.**

La Dormición o La Asunción de la Santísima Virgin María:
15 de agosto

La Cruz

En el nombre del Padre, y del Hijo
y del Espíritu Santo. **Amén.**

Mi alma engrandece al Señor,
y mi espíritu se alegra en Dios mi Salvador;
pues ha mirado la bajeza de su sierva;
he aquí, a partir de ahora,
todas las generaciones me llamarán dichosa.
El Poderoso me ha hecho grandes cosas,
y santo es su nombre.
Su misericordia es de generación a generación
sobre los que le temen.
Ha demostrado el poder de su brazo;
ha esparcido a los orgullosos
de la imaginación de sus corazones.
Ha derribado a los príncipes de sus tronos,
y ha exaltado a los humildes.
Ha colmado de bienes a los hambrientos,
y ha despedido a los ricos con las manos vacías.
Ha dado ayuda a Israel, su siervo,
acordándose de la misericordia,
como habló a nuestros padres,
a Abrahán y a su simiente para siempre.
— *Magnificat, Lucas 1:46-55*※⛌†

La Invitación

¡Regocíjense en el Señor, todas las naciones!
Sirvan al Señor con alegría,
y vengan ante su presencia con cánticos.

Sepan que el Señor es Dios;
él nos hizo, y no nosotros mismos;
pueblo suyo somos, y las ovejas de su rebaño.
Entren por sus puertas con acción de gracias,
y en sus atrios con alabanzas;
denle gracias y bendigan su nombre.
Porque bueno es el Señor;
su amorosa bondad perdura por siempre,
su fidelidad a todas las generaciones.
— *Jubilate, Salmo 100*▫#†

Las Cuentas Cruciformes

Se vio una gran señal en el cielo:
una mujer vestida del sol,
con la luna bajo sus pies,
y en su cabeza una corona de doce estrellas.
Ella dio a luz a un hijo varón,
que gobernará todas las naciones.
Oí una gran voz en el cielo, que decía:
«Ahora ha llegado la salvación,
el poder y el Reino de nuestro Dios,
y la autoridad de su Cristo.»
— *Apocalipsis 12:1, 5, 10*

Las Semanas

¡Dios te salve, María!
Llena eres de gracia; el Señor es contigo.
Bendita tú eres entre todas las mujeres,
y bendito es el fruto de tu vientre, Jesús.
Santa María, Madre de Dios,
ruega por nosotros, pecadores,
ahora y en la hora de nuestra muerte.

o

¡Dios te salve, María!
Llena eres de gracia; el Señor es contigo.
Bendita tú eres entre todas las mujeres,
y bendito es el fruto de tu vientre, Jesús.
El Espíritu Santo vendrá sobre ti,
y el poder del Altísimo te cubrirá con su sombra.
Por eso también el santo que nazca de ti
será llamado Hijo de Dios.
— *Ave María; Lucas 1:35, 42*†

después de la séptima cuenta:
Gloria al Padre, y al Hijo
y al Espíritu Santo.
Como era en el principio, ahora y siempre,
por los siglos de los siglos. Amén.

El Despido

Dios de bondad,
que llamaste a tu presencia a la bienaventurada Virgen María,
madre de tu Hijo encarnado:
concede que, redimidos por la sangre de Jesús,
compartamos con ella la gloria de tu reino eterno;
por Jesucristo, nuestro Señor,
que contigo y el Espíritu Santo
vive y reina, un solo Dios,
ahora y siempre.
— *La Colecta para Santa María Virgen*◆

En el nombre del Padre, y del Hijo
y del Espíritu Santo. **Amén.**

La Santísima Cruz: 14 de septiembre

La Cruz

En el nombre del Padre, y del Hijo
y del Espíritu Santo. **Amén.**

Porque tanto amó Dios al mundo,
que dio a su Hijo unigénito,
para que todo el que crea en él no perezca,
sino que tenga vida eterna.
Porque Dios no envió a su Hijo al mundo para juzgar al mundo,
sino para que el mundo se salve por él.
— *Juan 3:16-17*

La Invitación

Pero no te alejes, Señor.
Tú eres mi ayuda. Apresúrate a ayudarme.
Libra mi alma de la espada,
mi preciosa vida del poder del perro.
¡Sálvame de la boca del león!
Sí, me has rescatado de los cuernos de los bueyes salvajes.
Yo declararé tu nombre a mis hermanos.
Entre la asamblea, te alabaré.
Los que temen al Señor, alábenlo.
Todos ustedes, descendientes de Jacob, glorifíquenlo.
¡Prepárense ante él, todos los descendientes de Israel!
Porque no ha despreciado ni abominado
la aflicción de los afligidos,
tampoco les ha ocultado su rostro;
pero cuando le gritó, los escuchó.
Mi alabanza a ti viene en la gran asamblea.
Pagaré mis votos ante los que le temen.

Los humildes comerán y se saciarán.
Alabarán al Señor los que lo buscan.
Que sus corazones vivan para siempre.
— *Salmo 22:19-26*

Las Cuentas Cruciformes

Cristo,
existiendo en forma de Dios,
no consideró el ser igual a Dios como algo a lo cual aferrarse,
sino que se despojó a sí mismo,
tomando la forma de un siervo,
hecho semejante a los seres humanos.
Y hallándose en forma humana,
se humilló a sí mismo,
haciéndose obediente hasta la muerte,
sí, la muerte de la cruz.
— *Filipenses 2:6-11*[†]

Las Semanas

Te adoramos, oh Cristo, y te bendecimos,
que por tu Santa Cruz,
redimiste al mundo.
— *Vía Crucis*

después de la séptima cuenta:
Gloria al Padre, y al Hijo
y al Espíritu Santo.
Como era en el principio, ahora y siempre,
por los siglos de los siglos. Amén.

El Despido

Dios de poder sin igual:
tu Hijo Jesucristo
fue levantado sobre una cruz
a fin de atraer al mundo entero;
en tu piedad concede que nosotros,
que nos gloriamos en el misterio de su redención,
carguemos con gracia nuestra cruz y así lo sigamos;
quien contigo y el Espíritu Santo
vive y reina, un solo Dios,
ahora y siempre.
— *La Colecta para la Santa Cruz*✦

En el nombre del Padre, y del Hijo
y del Espíritu Santo. **Amén.**

∽

Todos los Santos y los Fieles Difuntos: 1 y 2 de noviembre

La Cruz

En el nombre del Padre, y del Hijo
y del Espíritu Santo. **Amén.**

¡Miren qué gran amor nos ha dado el Padre,
para que seamos llamados hijos de Dios!
Por eso el mundo no nos conoce,
porque no lo conoció a él.
Amados, ahora somos hijos de Dios.
Todavía no se ha revelado lo que seremos;
pero sabemos que, cuando él se revele,
seremos como él; porque lo veremos tal como es.
— *1 Juan 3:1-2*

La Invitación

En este monte, el Señor de los Ejércitos hará a todos los pueblos
un festín de carne selecta, de vinos selectos,
de carne selecta llena de tuétano,
de vinos selectos bien refinados.
Él destruirá en este monte
la superficie que cubre a todos los pueblos,
y el velo que se extiende sobre todas las naciones.
¡Él se ha tragado la muerte para siempre!
El Señor Dios enjugará las lágrimas de todos los rostros.
Quitará el oprobio de su pueblo
de toda la tierra,
porque el Señor lo ha dicho.
En aquel día se dirá:
«¡He aquí nuestro Dios!
¡Lo hemos esperado, y él nos salvará!
¡Este es el Señor! Lo hemos esperado!
¡Nos alegraremos y nos regocijaremos en su salvación!»
— *Isaías 25:6-9*

Las Cuentas Cruciformes

Bendito sea el Dios y Padre de nuestro Señor Jesucristo,
que según su gran misericordia nos hizo nacer de nuevo
a una esperanza viva
por la resurrección de Jesucristo de entre los muertos.
— *1 Pedro 1:3*

Las Semanas

La bondad amorosa del Señor nunca falla;
sus misericordias nunca se agotan.
Son nuevas cada mañana.
Grande es tu fidelidad.
— *Lamentaciones 3:22-23*[†]

después de la séptima cuenta:
Gloria al Padre, y al Hijo
y al Espíritu Santo.
Como era en el principio, ahora y siempre,
por los siglos de los siglos. Amén.

El Despido

Vi un cielo nuevo y una tierra nueva,
porque el primer cielo y la primera tierra pasaron,
y el mar ya no existe.
Vi la ciudad santa, la Nueva Jerusalén,
bajando del cielo de Dios,
preparada como una novia adornada para su esposo.
Oí una voz fuerte del cielo que decía:
«He aquí que la morada de Dios está con los pueblos;
y él habitará con ellos, y ellos será su pueblo,
y Dios mismo estará con ellos como su Dios.
Enjugará toda lágrima de sus ojos.
La muerte ya no existirá,
ni habrá más luto, ni llanto, ni dolor.
Las primeras cosas han pasado.
Yo soy el Alfa y el Omega,
el Principio y el Fin.
Al que tenga sed le daré gratuitamente
del manantial del agua de la vida.
A los que venzan, les daré estas cosas.
Yo seré su Dios, y ellos serán mi pueblo.»
— *Apocalipsis 21:1-4, 6-7*[†]

En el nombre del Padre, y del Hijo
y del Espíritu Santo. **Amén.**

Intenciones e Intercesiones

El Espíritu Santo

La Cruz

En el nombre del Padre, y del Hijo
y del Espíritu Santo. **Amén.**

Viene la hora, y ahora es,
**cuando los verdaderos adoradores
adorarán al Padre en espíritu y en verdad,**
porque el Padre busca a los tales para que sean sus adoradores.
**Dios es espíritu, y los que lo adoran
deben hacerlo en espíritu y en verdad.**
— *Juan 4:23-24*

La Invitación

Ven, Espíritu Creador,
visita las almas de tus fieles
**y llena de la divina gracia
los corazones que tú creaste.**

Tú, a quien llamamos el Paráclito;
don de Dios Altísimo;
fuente viva, fuego, caridad
y espiritual unción.
Tú derramas sobre nosotros los siete dones —
tú, el dedo de la mano de Dios;
tú, el prometido del Padre;
tú, que pones en nuestros labios los tesoros de tu palabra.
Gloria a Dios Padre, y al Hijo que resucitó,
y al Espíritu Consolador, por los siglos de los siglos. Amén.
— *Veni Creator Spiritus, himno en latín*

Las Cuentas Cruciformes

Pero recibirán poder
cuando el Espíritu Santo haya venido sobre ustedes.
Serán testigos de mí en Jerusalén,
en toda Judea y Samaria,
y hasta los confines de la tierra.
— *Hechos 1:8*

Las Semanas

Como el Padre me envió, así envío a ustedes.
Reciban al Espíritu Santo.
— *Juan 20:21-22*

después de la séptima cuenta:
Gloria al Padre, y al Hijo
y al Espíritu Santo.
Como era en el principio, ahora y siempre,
por los siglos de los siglos. Amén.

El Despido

Levántate, brilla, porque ha llegado tu luz,
y la gloria del Señor se ha levantado sobre ti.
Porque he aquí que las tinieblas cubrirán la tierra,
y espesa oscuridad a los pueblos;
pero sobre ti se levantará el Señor,
y su gloria se verá en ti.
Las naciones vendrán a tu luz,
y los reyes al brillo de tu ascenso.
Tus puertas estarán siempre abiertas;
no se cerrarán ni de día ni de noche.
Te llamarán Ciudad del Señor,
la Sión del Santo de Israel.
No se oirá más la violencia en tu tierra,
ni desolación ni destrucción dentro de tus fronteras.
Tú llamarás a tus muros Salvación,
y a tus puertas Alabanza.
El sol ya no será tu luz de día;
ni el brillo de la luna te alumbrará;
sino que el Señor será tu luz eterna,
y tu Dios será tu gloria.
— *Surge illuminare, Isaías 60:1-3, 11, 14, 18-19*†

En el nombre del Padre, y del Hijo
y del Espíritu Santo. **Amén.**

∽

Gratitud y Acción de Gracias

La Cruz

En el nombre del Padre, y del Hijo
y del Espíritu Santo. **Amén.**

Sigo confiando en ello:
**Veré la bondad del Señor
en la tierra de los vivos.**
— *Salmo 27:13*

La Invitación

¡Regocíjense en el Señor, todas las naciones!
**Sirvan al Señor con alegría,
y vengan ante su presencia con cánticos.**
Sepan que el Señor es Dios;
**él nos hizo, y no nosotros mismos;
pueblo suyo somos, y las ovejas de su rebaño.**
Entren por sus puertas con acción de gracias,
**y en sus atrios con alabanzas;
denle gracias y bendigan su nombre.**
Porque bueno es el Señor;
**su amorosa bondad perdura por siempre,
su fidelidad a todas las generaciones.**
— *Jubilate, Salmo 100*[□][*][†]

Las Cuentas Cruciformes

Ustedes ya no son extranjeros ni forasteros,
**sino conciudadanos de los santos
y miembros de la familia de Dios.**
— *Efesios 2:19*[†]

Las Semanas

Denle gracias al Señor;
porque su bondad perdura por siempre.
— *Salmo 136:1*[†]

después de la séptima cuenta:
Gloria al Padre, y al Hijo
y al Espíritu Santo.
Como era en el principio, ahora y siempre,
por los siglos de los siglos. Amén.

El Despido

Alégrense siempre.
Oren sin cesar.
Den gracias en todo,
porque ésta es la voluntad de Dios en Cristo Jesús.
Prueben todas las cosas,
y retengan firmemente lo que es bueno.
Que el mismo Dios de la paz los santifique por completo.
Que todo su espíritu, su alma y su cuerpo
se conserven irreprochables
en la venida de nuestro Señor Jesucristo.
— *1 Tesalonicenses 5:16-18, 20, 23*

En el nombre del Padre, y del Hijo
y del Espíritu Santo. **Amén.**

∽

SANACIÓN

La Cruz

En el nombre del Padre, y del Hijo
y del Espíritu Santo. **Amén.**

Mi alma descansa sólo en Dios.
Mi salvación viene de él.
Sólo él es mi roca, mi salvación y mi fortaleza.
Nunca me agitaré.
— *Salmo 62:1-2*[†]

La Invitación

¿No lo sabías?
¿No lo has oído?
El Dios eterno, el Señor,
el Creador de los confines de la tierra,
él no desmaya.
No está cansado.
Su entendimiento es inescrutable.
Él da poder a los débiles.
Aumenta la fuerza del que no tiene fuerza.
Los que esperan al Señor renovarán sus fuerzas.
— *Isaías 40:28-29, 31†*

Las Cuentas Cruciformes

Vengan a mí,
todos los que están fatigados y agobiados,
y yo los haré descansar.
— *Mateo 11:28*

Las Semanas

El Señor cura a los quebrantados de corazón,
y venda sus heridas.
— *Salmo 147:3*

después de la séptima cuenta:
Gloria al Padre, y al Hijo
y al Espíritu Santo.
Como era en el principio, ahora y siempre,
por los siglos de los siglos. Amén.

El Despido

Ahora despides, Señor, a tu siervo en paz,
conforme a tu palabra.
Porque han visto mis ojos tu salvación,
que has preparado delante de todos los pueblos;
una luz para la revelación a las naciones,
y la gloria de tu pueblo Israel.
— *Nunc dimittis, Lucas 2:29-32**□†

o

En tu mano, oh Señor, encomiendo mi espíritu;
pues tú me has redimido, Señor, Dios de la verdad.
Guárdame, oh Señor, como la niña de tus ojos.
Escóndeme bajo la sombra de tus alas.
— *Completas: Salmo 31:5*†; *Salmo 17:8*†

En el nombre del Padre, y del Hijo
y del Espíritu Santo. **Amén.**

Muerte

La Cruz

En el nombre del Padre, y del Hijo
y del Espíritu Santo. **Amén.**

Dios sea en mi cabeza,
y en mi entendimiento.
Dios sea en mis ojos,
y en mi mirada.
Dios sea en mi boca,
y en mi habla.

Dios sea en mi corazón,
y en mi pensamiento.
Dios sea en mi final,
y en mi partida.
— *La Oración de Sarum*

La Invitación

¡Miren qué gran amor nos ha dado el Padre,
para que seamos llamados hijos de Dios!
Por eso el mundo no nos conoce,
porque no lo conoció a él.
Amados, ahora somos hijos de Dios.
Todavía no se ha revelado lo que seremos;
pero sabemos que, cuando él se revele,
seremos como él; porque lo veremos tal como es.
— *1 Juan 3:1-2*

Las Cuentas Cruciformes

He puesto al Señor siempre delante de mí.
Porque él está a mi diestra, no seré conmovido.
Por eso mi corazón se alegra y mi lengua se regocija.
Mi cuerpo también reposará segura.
— *Salmo 16:8-9***

Las Semanas

Vengan, benditos de mi Padre,
hereden el reino preparado para ustedes.
— *Mateo 25:34*

o

Bien hecho, siervo bueno y fiel.
Entra en la alegría de tu señor.
— *Mateo 25:23*

o

Que los ángeles te guíen al paraíso;
que, al llegar, mártires te den la bienvenida,
y te lleven a la ciudad santa de Jerusalén.
— *Exequias*♦

o

El Sol de Justicia se ha levantado en esplendor,
dándoles luz a quienes moraban en tinieblas
y en la sombra de muerte.
— *Exequias*♦, *cf. Malachi 4:2, Lucas 1:79*

o

El Señor, que ha quitado el pecado del mundo,
guiará nuestros pasos por la senda de la paz.
— *Exequias*♦, *cf. Lucas 1:79*

después de la séptima cuenta:
Gloria al Padre, y al Hijo
y al Espíritu Santo.
Como era en el principio, ahora y siempre,
por los siglos de los siglos. Amén.

El Despido

Ahora despides, Señor, a tu siervo en paz,
conforme a tu palabra.
Porque han visto mis ojos tu salvación,
que has preparado delante de todos los pueblos;

una luz para la revelación a las naciones,
y la gloria de tu pueblo Israel.
— *Nunc dimittis, Lucas 2:29-32**□†

En el nombre del Padre, y del Hijo
y del Espíritu Santo. **Amén.**

~

Apoyo y Fortalecimiento

La Cruz

En el nombre del Padre, y del Hijo
y del Espíritu Santo. **Amén.**

Nuestro socorro está en el nombre del Señor;
que hizo los cielos y la tierra.
— *Oración de la Noche (Completas)*♦

La Invitación

Alzaré mis ojos a las colinas.
¿De dónde viene mi ayuda?
Mi ayuda viene del Señor,
que hizo el cielo y la tierra.
No permitirá que tu pie se mueva.
El que te guarda no dormirá.
He aquí que el que guarda a Israel
no se adormecerá ni dormirá.
El Señor es tu guardián.
El Señor es tu sombra a tu diestra.
El sol no te dañará de día,
ni la luna de noche.

El Señor te guardará de todo mal.
Él guardará tu alma.
El Señor guardará tu salida y tu entrada,
a partir de este momento, y para siempre.
— *Salmo 121*

Las Cuentas Cruciformes

En tu mano, oh Señor, encomiendo mi espíritu;
pues tú me has redimido, Señor, Dios de la verdad.
Guárdame, oh Señor, como la niña de tus ojos.
Escóndeme bajo la sombra de tus alas.
— *Completas: Salmo 31:5†; Salmo 17:8†*

Las Semanas

El Señor es mi fuerza y mi escudo.
Mi corazón ha confiado en él y me ha ayudado.
— *Salmo 28:7*

después de la séptima cuenta:
Gloria al Padre, y al Hijo
y al Espíritu Santo.
Como era en el principio, ahora y siempre,
por los siglos de los siglos. Amén.

El Despido

Acompaña, buen Señor, a cada persona
que esta noche trabaja, se desvela o se lamenta,
y haz que tus ángeles cobijen a quienes duermen.
Cuida al enfermo,
da reposo al fatigado,
bendice al moribundo,
alivia al que sufre,
apiádate del afligido,

y protege al gozoso;
por tu amor y tu ternura. Amén.
— *Oración del Atardecer*◆

En el nombre del Padre, y del Hijo
y del Espíritu Santo. **Amén.**

~

Serenidad

La Cruz

En el nombre del Padre, y del Hijo
y del Espíritu Santo. **Amén.**

Padre nuestro,
que estás en el cielo,
santificado sea tu nombre.
Venga tu reino;
hágase tu voluntad
en la tierra como en el cielo.
Danos hoy nuestro pan de cada día.
Perdona nuestras ofensas,
como también nosotros perdonamos
a los que nos ofenden.
No nos dejes caer en la tentación,
y líbranos del mal.
Porque tuyo es el reino, el poder y la gloria,
ahora y por siempre. Amén.

La Invitación

Si digo: «Seguramente las tinieblas me abrumarán,
y la luz que me rodea se convertirá en la noche»,

ni siquiera la oscuridad se esconde de ti, oh Señor;
la noche brilla como el día;
la oscuridad y la luz, para ti, son iguales.
— *Salmo 139:10-11*†

Las Cuentas Cruciformes

Dios concédeme la serenidad
para aceptar las cosas que no puedo cambiar,
el valor para cambiar aquellas que puedo,
y la sabiduría para reconocer la diferencia.
— *La Oración de la Serenidad*

Las Semanas

Estén tranquilos,
y sepan que yo soy Dios.
— *Salmo 46:10*

después de la séptima cuenta:
Gloria al Padre, y al Hijo
y al Espíritu Santo.
**Como era en el principio, ahora y siempre,
por los siglos de los siglos. Amén.**

El Despido

Ahora dice el Señor, que te ha creado, Jacob,
y el que te formó, Israel:
«No tengas miedo, porque te he redimido.
Te he llamado por tu nombre. Tú eres mío.
Cuando pases por las aguas, yo estaré contigo,
y por los ríos, no te desbordarán.
Cuando pases por el fuego, no te quemarás,
y la llama no te abrasará.

Porque yo soy el Señor tu Dios,
el Santo de Israel, tu Salvador.»
— *Isaías 43:1-3*

En el nombre del Padre, y del Hijo
y del Espíritu Santo. **Amén.**

∽

PAZ

La Cruz

En el nombre del Padre, y del Hijo
y del Espíritu Santo. **Amén.**

Cuando el Señor hizo volver a los que regresaron a Sión,
éramos como los que sueñan.
Entonces se nos llenó la boca de risa,
y nuestra lengua con el canto.
Entonces dijeron entre las naciones,
«El Señor ha hecho grandes cosas para ellos.»
El Señor ha hecho grandes cosas para nosotros,
y sí nos alegramos.
Restablece nuestra suerte, oh Señor,
como los arroyos del Néguev.
Los que siembran con lágrimas
cosecharán con alegría.
El que sale llorando, llevando semilla para sembrar,
ciertamente volverá con alegría, llevando sus gavillas.
— *Salmo 126*[†]

La Invitación

Benditos los pobres de espíritu,
porque de ellos es el Reino de los Cielos.

Benditos los que lloran,
porque serán consolados.
Benditos los humildes,
porque ellos heredarán la tierra.
Benditos los que tienen hambre y sed de la justicia,
porque se llenarán.
Benditos los misericordiosos,
porque obtendrán misericordia.
Benditos los puros de corazón,
porque verán a Dios.
Benditos los pacificadores,
porque serán llamados hijos de Dios.
— *Mateo 5:3-9*†

Las Cuentas Cruciformes

Ellos convertirán sus espadas en rejas de arado,
y sus lanzas en podaderas.
La nación no levantará la espada contra la nación;
tampoco aprenderán más la guerra.
Pero cada uno se sentará bajo su vid y bajo su higuera,
y nadie los hará tener miedo.
— *Miqueas 4:3-4*

Las Semanas

Jesús vino y se puso en medio y dijo:
«La paz sea con ustedes.»
— *Juan 20:19*†

después de la séptima cuenta:
Gloria al Padre, y al Hijo
y al Espíritu Santo.
Como era en el principio, ahora y siempre,
por los siglos de los siglos. Amén.

El Despido

Dicho esto, Jesús sopló sobre ellos
y les dijo: «¡Reciban el Espíritu Santo!
Si perdonan los pecados a alguien,
les serán perdonados.»
— *Juan 20:22*[†]

En el nombre del Padre, y del Hijo
y del Espíritu Santo. **Amén.**

~

LA ORACIÓN DE SAN FRANCISCO DE ASÍS

La Cruz

En el nombre del Padre, y del Hijo
y del Espíritu Santo. **Amén.**

Que mi oración sea puesta ante ti como incienso,
la elevación de mis manos como el sacrificio de la tarde.
—*Salmo 141:2*

Oh Dios, apresúrate a socorrernos.
Oh Señor, date prisa en nuestro auxilio.
— *Oración Vespertina*[§†]

La Invitación

Que las palabras de mi boca
y la meditación de mi corazón
sean aceptables a tus ojos, oh Señor,
mi roca y mi redentor.
— *Salmo 19:14*

Las Cuentas Cruciformes

Señor, hazme un instrumento de tu paz.
Donde hay odio, que lleve yo el amor.
Señor, hazme un instrumento de tu paz,
que yo no busque tanto ser consolado, sino consolar.
Señor, hazme un instrumento de tu paz,
que yo no busque tanto ser comprendido, sino comprender.
— *atribuido a San Francisco de Asís*

Las Semanas

Se oran estas oraciones en orden, una por cada cuenta.

Oh Señor, hazme un instrumento de tu paz:

1. **donde haya ofensa, que lleve yo el perdón;**
2. **donde haya discordia, que lleve yo la unión;**
3. **donde haya error, que lleve yo la verdad;**
4. **donde haya duda, que lleve yo la fe;**
5. **donde haya desesperación, que lleve yo la alegría;**
6. **donde hayan tinieblas, que lleve yo la luz;**
7. **donde haya tristeza, que lleve yo el gozo.**
— *atribuido a San Francisco de Asís*

El Despido

Señor, hazme un instrumento de tu paz,
que yo no busque tanto ser amado, como amar.
Porque es dando como se recibe;
es perdonando como se es perdonado;
y es muriendo como se resucita a la vida eterna
Señor, hazme un instrumento de tu paz.
— *atribuido a San Francisco de Asís*

En el nombre del Padre, y del Hijo
y del Espíritu Santo. **Amén.**

∽

Arrepentimiento

Para la oración en solitario, «nosotros / nos» se puede cambiar a «yo / mí» en la confesión inicial y en la oración final por la absolución.

La Cruz

En el nombre del Padre, y del Hijo
y del Espíritu Santo. **Amén.**

Rasga tu corazón y no tus vestiduras,
y vuélvete al Señor, tu Dios;
porque es clemente y misericordioso,
lento para la ira y abundante en bondad amorosa,
y se abstiene de enviar la calamidad.
— Joel 2:13

La Invitación

Piadosísimo Dios:
confesamos que hemos pecado contra ti,
en pensamiento, palabra y obra;
por lo que hemos hecho,
y por lo que hemos dejado de hacer.
No te hemos amado con todo nuestro corazón.
No hemos amado a nuestro prójimo como a nosotros mismos.
Nos arrepentimos humildemente y de verdad.
Por amor de tu Hijo Jesucristo,
ten piedad de nosotros y perdónanos,
para que nos deleitemos en tu voluntad

y andemos en tus caminos,
para la gloria de tu Nombre. Amén.
— *Morning Prayer II y Evening Prayer II*^{◊‡}

o

Oh Cordero de Dios, que quitas los pecados del mundo:
ten piedad de nosotros.
Oh Cordero de Dios, que quitas los pecados del mundo:
ten piedad de nosotros.
Oh Cordero de Dios, que quitas los pecados del mundo:
concédenos tu paz.
— *Agnus Dei*^{□†}

Las Cuentas Cruciformes

Esconde tu rostro de mis pecados,
y borra todas mis iniquidades.
Crea en mí un corazón limpio, oh Dios;
renueva un espíritu recto dentro de mí.
No me eches de tu presencia,
y no me quites tu Espíritu Santo.
Devuélveme la alegría de tu salvación.
Sosténgame con un espíritu dispuesto.
Entonces enseñaré a los transgresores tus caminos;
los pecadores se convertirán a ti.
Señor, abre mis labios;
mi boca declarará tu alabanza.
— *Salmo 51:9-13, 15*[†]

Las Semanas

Busquen primero el Reino de Dios y su justicia,
y todas estas cosas se les darán también a ustedes.
— *Mateo 6:33*

después de la séptima cuenta:
Gloria al Padre, y al Hijo
y al Espíritu Santo.
**Como era en el principio, ahora y siempre,
por los siglos de los siglos. Amén.**

El Despido

Que Dios todopoderoso tenga piedad de nosotros, nos perdone todos nuestros pecados por amor de nuestro Señor Jesucristo, nos fortalezca en toda bondad y por el poder del Espíritu Santo nos guarde en la vida eterna. **Amén.**
— *Morning Prayer II y Evening Prayer II*◊†‡

Dios, rico en misericordia,
por su gran amor con que nos amó,
aun cuando estábamos muertos por nuestros delitos,
nos dio vida juntamente con Cristo —
por gracia ustedes han sido salvados —
y nos resucitó con él,
haciéndonos sentar con él
en los lugares celestiales en Cristo Jesús.
— *Efesios 2:4-6*†

En el nombre del Padre, y del Hijo
y del Espíritu Santo. **Amén.**

∼

VOCACIÓN Y ENTREGA DE SÍ MISMO

La Cruz

En el nombre del Padre, y del Hijo
y del Espíritu Santo. **Amén.**

La Paz sea con ustedes. Como el Padre me envió,
así envío a ustedes. ¡Reciban el Espíritu Santo!
— *Juan 20:21-22*†

La Invitación

Ahora dice el Señor, que te ha creado, Jacob,
y el que te formó, Israel:
«No tengas miedo, porque te he redimido.
Te he llamado por tu nombre. Tú eres mío.
Cuando pases por las aguas, yo estaré contigo,
y por los ríos, no te desbordarán.
Cuando pases por el fuego, no te quemarás,
y la llama no te abrasará.
Porque yo soy el Señor tu Dios,
el Santo de Israel, tu Salvador.»
— *Isaías 43:1-3*

Las Cuentas Cruciformes

Ustedes no me eligieron a mí,
sino que yo los elegí a ustedes.
Y los he designado para que vayan y den fruto,
y su fruto permanezca.
— *Juan 15:16*

Las Semanas

Aquí estoy;
envíame.
— *Isaías 6:8*

después de la séptima cuenta:
Gloria al Padre, y al Hijo
y al Espíritu Santo.

Como era en el principio, ahora y siempre,
por los siglos de los siglos. **Amén.**

El Despido

«Yo sé los pensamientos que tengo para ti,» dice el Señor,
«pensamientos de paz y no de mal,
para darte esperanza y futuro.
Me invocarás,
e irás a orar a mí,
y yo te escucharé.
Me buscarás y me encontrarás,
cuando me busques de todo corazón.
Seré hallado por ti,» dice el Señor.
— *Jeremías 29:11-14*

En el nombre del Padre, y del Hijo
y del Espíritu Santo. **Amén.**

~

Sabiduría

La Cruz

En el nombre del Padre, y del Hijo
y del Espíritu Santo. **Amén.**

¿No grita la sabiduría?
¿La comprensión no levanta la voz?
«El Señor me poseyó en el comienzo de su obra,
antes de sus hechos de antiguo.
Fui establecido desde siempre,
antes de que la tierra existiera.
Cuando no había profundidades, nací yo;
cuando no había manantiales que abundaran en agua.

Antes de que las montañas se asentaran en su lugar,
antes de las colinas, nací yo;
cuando aún no había hecho la tierra ni los campos,
ni el principio del polvo del mundo.»
— *Proverbios 8:1, 22-26*

La Invitación

Bendito sea el nombre de Dios por los siglos de los siglos,
porque la sabiduría y la fuerza son suyas.
Él cambia los tiempos y las estaciones.
El quita reyes y pone reyes.
Él da sabiduría a los sabios,
y el conocimiento a los que tienen entendimiento.
Él revela las cosas profundas y secretas.
Sabe lo que hay en la oscuridad,
y la luz habita en él.
Te doy las gracias y te alabo, oh Dios de mis padres,
que me has dado sabiduría y poder.
— *Daniel 2:20-23*

Las Cuentas Cruciformes

Si a alguno de ustedes le falta sabiduría,
pídela a Dios,
que da a todos generosamente y sin reproche.
Pero que pida con fe,
sin dudar,
Y sean hacedores de la palabra,
y no sólo oidores.
— *Santiago 1:5-6, 22*[†]

Las Semanas

Busquen primero el Reino de Dios y su justicia,
y todas estas cosas se les darán también a ustedes.
— *Mateo 6:33*

después de la séptima cuenta:
Gloria al Padre, y al Hijo
y al Espíritu Santo.
**Como era en el principio, ahora y siempre,
por los siglos de los siglos. Amén.**

El Despido

¿No grita la sabiduría?
¿La comprensión no levanta la voz?
«Cuando el Señor estableció los cielos, yo estaba allí.
**Cuando estableció un círculo
en la superficie de las profundidades,**
cuando estableció las nubes de arriba,
**cuando los manantiales de las profundidades
se hicieron fuertes,**
cuando le dio al mar su límite,
para que las aguas no violen su mandamiento,
cuando marcó los cimientos de la tierra,
entonces yo era el artesano a su lado.
Yo era una delicia día a día,
siempre regocijándome ante él,
regocijo en todo su mundo.
Mi deleite fue con los hijos de seres humanos.»
— *Proverbios 8:1, 27-31*

En el nombre del Padre, y del Hijo
y del Espíritu Santo. **Amén.**

La Cruz

En el nombre del Padre, y del Hijo
y del Espíritu Santo. **Amén.**

Oh Dios, apresúrate a socorrernos.
Oh Señor, date prisa en nuestro auxilio.
— *Oración Vespertina*[§†]

La Invitación

Si alguien está en Cristo, es una nueva creación.
Lo viejo ha pasado; he aquí lo nuevo ha llegado.
Todo esto proviene de Dios,
quien nos reconcilió consigo mismo por medio de Jesucristo,
y nos otorgó el ministerio de la reconciliación.
— *2 Corintios 5:17-18*[†]

Las Cuentas Cruciformes

Sean misericordiosos,
así como su Padre también es misericordioso.
No juzguen, y no serán juzgados.
No condenen, y no serán condenados.
Liberen, y serán liberados.
— *Lucas 6:36-37*

Las Semanas

Se oran estas oraciones en orden, una por cada cuenta.

1. Benditos los pobres de espíritu,
porque de ellos es el Reino de los Cielos.

2. Benditos los que lloran,
porque serán consolados.

3. Benditos los humildes,
porque ellos heredarán la tierra.

4. Benditos los que tienen hambre y sed de la justicia,
porque se llenarán.

5. Benditos los misericordiosos,
porque obtendrán misericordia.

6. Benditos los puros de corazón,
porque verán a Dios.

7. Benditos los pacificadores,
porque serán llamados hijos de Dios.
— *Mateo 5:3-9*[†]

después de la séptima cuenta:
Gloria al Padre, y al Hijo
y al Espíritu Santo.
**Como era en el principio, ahora y siempre,
por los siglos de los siglos. Amén.**

El Despido

Benditos los que han sido perseguidos
por causa de la justicia,
porque de ellos es el Reino de los Cielos.
Benditos serán ustedes cuando les reprochen,
les persigan
y hablen mal de ustedes falsamente por mi causa.
Alégrense y regocíjense,
porque su recompensa es grande en el cielo.
Porque así persiguieron a los profetas antes de ustedes.

Así brille su luz delante de los seres humanos,
para que vean sus buenas obras
y glorifiquen a su Padre que está en los cielos.
— *Mateo 5:10-12, 16*†

En el nombre del Padre, y del Hijo
y del Espíritu Santo. **Amén.**

∼

Paciencia, Espera

La Cruz

En el nombre del Padre, y del Hijo
y del Espíritu Santo. **Amén.**

Padre nuestro,
que estás en el cielo,
santificado sea tu nombre.
Venga tu reino;
hágase tu voluntad
en la tierra como en el cielo.
Danos hoy nuestro pan de cada día.
Perdona nuestras ofensas,
como también nosotros perdonamos
a los que nos ofenden.
No nos dejes caer en la tentación,
y líbranos del mal.
Porque tuyo es el reino, el poder y la gloria,
ahora y por siempre. Amén.

La Invitación

Para todo hay un tiempo,
y un tiempo para cada propósito bajo el cielo:

un tiempo para nacer, y un tiempo para morir;
un tiempo para plantar,
y un tiempo para arrancar lo que está plantado;
un tiempo para matar, y un tiempo para sanar;
un tiempo para romper, y un tiempo de edificar;
un tiempo para llorar, y un tiempo para reír;
un tiempo para llevar luto, y un tiempo para bailar;
un tiempo para tirar piedras, y un tiempo para juntar piedras;
un tiempo para abrazar, y un tiempo para abstenerse de abrazar;
un tiempo para buscar, y un tiempo para perder;
un tiempo para guardar, y un tiempo para desechar;
un tiempo para rasgar, y un tiempo para coser;
un tiempo para guardar silencio, y un tiempo para hablar;
un tiempo para amar, y un tiempo para odiar;
un tiempo de guerra, y un tiempo de paz.
— *Eclesiastés 3:1-8*†

Las Cuentas Cruciformes

Esperen ustedes la promesa del Padre,
que han oído de mí.
Porque Juan ciertamente bautizó en agua,
pero ustedes serán bautizados en el Espíritu Santo.
— *Hechos 1:4-5*

Las Semanas

Espero al Señor.
Mi alma espera. Espero en su palabra.
— *Salmo 130:5*

después de la séptima cuenta:
Gloria al Padre, y al Hijo
y al Espíritu Santo.
Como era en el principio, ahora y siempre,
por los siglos de los siglos. Amén.

El Despido

Bendito sea el Señor, el Dios de Israel,
porque ha visitado y redimido a su pueblo;
y nos ha levantado un cuerno de salvación
en la casa de su siervo David,
como habló por boca de sus santos profetas desde la antigüedad:
salvación de nuestros enemigos
y de la mano de todos los que nos odian;
para mostrar misericordia hacia nuestros padres,
para recordar su santo pacto:
el juramento que hizo a Abrahán, nuestro padre,
que, siendo librados de la mano de nuestros enemigos,
le serviríamos sin temor;
en santidad y justicia ante él
todos los días de nuestra vida.
Y tú, niño, serás llamado profeta del Altísimo;
porque irás delante de la cara del Señor
para preparar sus caminos,
para dar conocimiento de la salvación a su pueblo
por la remisión de sus pecados;
por la tierna misericordia de nuestro Dios,
por la que nos visitará la aurora de lo alto,
para iluminar a los que están en las tinieblas
y en la sombra de la muerte;
para guiar nuestros pies por el camino de la paz.
— *Benedictus Dominus Deus, Lucas 1:68-79**◻

En el nombre del Padre, y del Hijo
y del Espíritu Santo. **Amén.**

∽

Duda

La Cruz

En el nombre del Padre, y del Hijo
y del Espíritu Santo. **Amén.**

Ahora dice el Señor, que te ha creado, Jacob,
y el que te formó, Israel:
«No tengas miedo, porque te he redimido.
Te he llamado por tu nombre. Tú eres mío.
Cuando pases por las aguas, yo estaré contigo,
y por los ríos, no te desbordarán.
Cuando pases por el fuego, no te quemarás,
y la llama no te abrasará.
Porque yo soy el Señor tu Dios,
el Santo de Israel, tu Salvador.»
— *Isaías 43:1-3*

La Invitación

Pasó el Señor,
y un viento grande y fuerte desgarró los montes
y desmenuzó las rocas ante el Señor;
pero el Señor no estaba en el viento.
Después del viento hubo un terremoto,
pero el Señor no estaba en el terremoto.
Después del terremoto pasó un fuego,
pero el Señor no estaba en el fuego.
Después del fuego, se oyó una voz tranquila y pequeña:
«¿Qué haces aquí?»
— *1 Reyes 19:11-13*

Las Cuentas Cruciformes

En el principio era el Verbo,
y el Verbo estaba con Dios,
y el Verbo era Dios.
En él estaba la vida,
y la vida era la luz de los seres humanos.
La luz brilla en las tinieblas,
y las tinieblas no la han vencido.
— *Juan 1:1, 4-5*

Las Semanas

¡Yo creo!;
¡Ayuda a mi incredulidad!
— *Marcos 9:24*

después de la séptima cuenta:
Gloria al Padre, y al Hijo
y al Espíritu Santo.
Como era en el principio, ahora y siempre,
por los siglos de los siglos. Amén.

El Despido

Me levanto hoy por medio de la fuerza de Dios que me conduce:
Poder de Dios que me sostiene,
Sabiduría de Dios que me guía,
Mirada de Dios que me vigila,
Oído de Dios que me escucha,
Palabra de Dios que habla por mí,
Mano de Dios que me guarda,
Escudo de Dios que me protege,
Legiones de Dios para salvarme
de trampas del demonio,

de tentaciones de vicios,
de cualquiera que me desee mal, lejanos y cercanos,
Yo invoco éste día todos estos poderes
entre mí y el malvado.
— *La Lorica de San Patricio*

En el nombre del Padre, y del Hijo
y del Espíritu Santo. **Amén.**

FATIGA

La Cruz

En el nombre del Padre, y del Hijo
y del Espíritu Santo. **Amén.**

El Señor Jesucristo dice:
«Lleven mi yugo y aprendan de mí,
que soy manso y humilde de corazón;
y encontrarán descanso para sus almas.
Porque mi yugo es fácil,
y mi carga es ligera.»
— *Mateo 11:29-30*

La Invitación

El Señor es mi pastor;
No me faltará nada.
Me hace descansar en verdes praderas.
Me conduce junto a aguas tranquilas.
Él restaura mi alma.
Me guía por las sendas de la justicia por amor a su nombre.
Aunque camine por el valle de la sombra de la muerte,
no temeré ningún mal, porque tú estás conmigo.

Tu vara y tu cayado,
me reconfortan.
Preparas una mesa ante mí
en presencia de mis enemigos.
Unges mi cabeza con aceite.
Mi copa se llena.
Ciertamente la bondad y el amor me seguirán
todos los días de mi vida,
y habitaré en la casa del Señor para siempre.
— *Salmo 23*

Las Cuentas Cruciformes

Tú, oh Señor, estás en medio de nosotros,
y nos llamamos por tu nombre.
No nos abandones, oh Señor, Dios nuestro.
— *Jeremías 14:9, 21*†

Las Semanas

Vengan a mí,
todos los que están fatigados y agobiados,
y yo los haré descansar.
— *Mateo 11:28*

después de la séptima cuenta:
Gloria al Padre, y al Hijo
y al Espíritu Santo.
**Como era en el principio, ahora y siempre,
por los siglos de los siglos. Amén.**

El Despido

En tu mano, oh Señor, encomiendo mi espíritu;
pues tú me has redimido, Señor, Dios de la verdad.

Guárdame, oh Señor, como la niña de tus ojos.
Escóndeme bajo la sombra de tus alas.
— *Completas: Salmo 31:5*[†]; *Salmo 17:8*[†]

En el nombre del Padre, y del Hijo
y del Espíritu Santo. **Amén.**

∽

Desesperanza (o Cuando Dios Parece Silencioso)

La Cruz

En el nombre del Padre, y del Hijo
y del Espíritu Santo. **Amén.**

Porque tú has hecho del Señor tu refugio,
y del Altísimo tu morada,
no te sucederá ningún mal,
ni se acercará ninguna plaga a tu morada.
Porque pondrá a sus ángeles a cargo de ti,
para guardarte en todos tus caminos.
— *Salmo 91:9-11*

o

Desde las profundidades he clamado a ti, oh Señor.
Señor, escucha mi voz.
Que tus oídos estén atentos a la voz de mis peticiones.
Si tú, Señor, llevaras un registro de los pecados,
Señor, ¿quién podría aguantar?
Pero contigo hay perdón,
por lo que se te teme.
Espero al Señor.
Mi alma espera. Espero en su palabra.

Mi alma anhela al Señor,
más que los vigilantes a la mañana,
más que los vigilantes a la mañana.
— *Salmo 130:1-6†*

La Invitación

Dios mío, Dios mío, ¿por qué me has abandonado?
¿Por qué estás tan lejos de ayudarme,
y de las palabras de mi gemido?
Dios mío, clamo de día, pero no respondes;
en la estación de la noche, y no guardo silencio.
Pero tú eres santo,
tú que habitas las alabanzas de Israel.
Nuestros padres confiaron en ti.
Confiaron, y tú los entregaste.
Clamaron a ti y fueron liberados.
Confiaron en ti, y no quedaron decepcionados.
No te alejes de mí, porque la angustia está cerca.
Porque no hay nadie que ayude.
— *Salmo 22:1-4, 11*

Las Cuentas Cruciformes

Pero no te alejes, Señor.
Tú eres mi ayuda. Apresúrate a ayudarme.
Libra mi alma de la espada,
mi preciosa vida del poder del perro.
— *Salmo 22:19-20*

Las Semanas

No nos dejes caer en la tentación,
y líbranos del mal.

después de la séptima cuenta:
Gloria al Padre, y al Hijo
y al Espíritu Santo.
Como era en el principio, ahora y siempre,
por los siglos de los siglos. Amén.

El Despido

Es fiel el que los llama a ustedes.
Es fiel el que los llama a ustedes.
— *1 Tesalonicenses 5:24*

En el nombre del Padre, y del Hijo
y del Espíritu Santo. **Amén.**

∼

Misericordia

La Cruz

En el nombre del Padre, y del Hijo
y del Espíritu Santo. **Amén.**

Acerquémonos, pues, con confianza al trono de la gracia,
para recibir misericordia
y hallar gracia para el auxilio en el momento de necesidad.
— *Hebreos 4:16*

o

Yo quiero misericordia y no sacrificio;
y el conocimiento de Dios más que los holocaustos.
— *Oseas 6:6*

o

Oh Cordero de Dios, que quitas los pecados del mundo:
ten piedad de nosotros.
Oh Cordero de Dios, que quitas los pecados del mundo:
ten piedad de nosotros.
Oh Cordero de Dios, que quitas los pecados del mundo:
concédenos tu paz.
— *Agnus Dei*□†

La Invitación

Crea en mí un corazón limpio, oh Dios;
renueva un espíritu recto dentro de mí.
No me eches de tu presencia,
y no me quites tu Espíritu Santo.
Devuélveme la alegría de tu salvación.
Sosténgame con un espíritu dispuesto.
— *Salmo 51:10-12*†

Las Cuentas Cruciformes

La bondad amorosa del Señor nunca falla;
sus misericordias nunca se agotan.
Son nuevas cada mañana.
Grande es tu fidelidad.
— *Lamentaciones 3:22-23*‡

Las Semanas

Sean misericordiosos,
así como su Padre también es misericordioso.
— *Lucas 6:36*†

después de la séptima cuenta:
Gloria al Padre, y al Hijo
y al Espíritu Santo.

Como era en el principio, ahora y siempre,
por los siglos de los siglos. Amén.

El Despido

Oh Señor, muéstranos tu misericordia;
y concédenos tu salvación.
Adorna a tus ministros de rectitud;
y alegra a tu pueblo escogido.
Danos paz en nuestros días, oh Señor;
porque solo en ti, Señor, estamos seguros.
Señor, defiende a tu pueblo;
y bendice a tu heredad.
Que tu camino sea conocido en toda la tierra;
y tu sanidad salvadora entre todas las naciones.
No dejes en el olvido a los necesitados;
ni quites la esperanza a los pobres.
Purifica nuestros corazones, oh Dios;
y no quites de nosotros tu Santo Espíritu.
— *Versículos y Respuestas*[□§, ◊‡]

En el nombre del Padre, y del Hijo
y del Espíritu Santo. **Amén.**

∼

Por un/a Querido/a

La Cruz

En el nombre del Padre, y del Hijo
y del Espíritu Santo. **Amén.**

Que las palabras de mi boca
y la meditación de mi corazón

sean aceptables a tus ojos, oh Señor,
mi roca y mi redentor.
— *Salmo 19:14*

La Invitación

¿Alguno de ustedes está sufriendo?
Que ore.
¿Está alguno alegre?
Que cante alabanzas.
¿Está alguno de ustedes enfermo?
Que llame a los ancianos de la asamblea, y que oren sobre él,
ungiéndolo con aceite en el nombre del Señor,
y la oración de fe sanará al enfermo.
— *Santiago 5:13-15*

Las Cuentas Cruciformes

Se puede tomar un momento para reflexionar sobre la petición y entregar al querido/a en las manos de Dios. Está bien usar formas plurales en lugar de singulares cuando se trata de grupos.

Oh Señor, mi Dios, te entrego en tu cuidado
la vida de _____ , tu *amado/a niño/a*
Concédele luz en la oscuridad.
Sé su ancla en las olas.
Que tus santos, santas y ángeles *lo/la* rodeen.
Que tu protección, amor y paz *lo/la* acompañen.

Las Semanas

Quédate, Señor, con nosotros,
porque tú eres nuestra vida.
— *La Oración de San Padre Pio después de la Comunión*[†]

después de la séptima cuenta:
Gloria al Padre, y al Hijo
y al Espíritu Santo.
Como era en el principio, ahora y siempre,
por los siglos de los siglos. Amén.

El Despido

Ahora despides, Señor, a tu siervo en paz,
conforme a tu palabra.
Porque han visto mis ojos tu salvación,
que has preparado delante de todos los pueblos;
una luz para la revelación a las naciones,
y la gloria de tu pueblo Israel.
— *Nunc dimittis, Lucas 2:29-32* ✱□†

En el nombre del Padre, y del Hijo
y del Espíritu Santo. **Amén.**

~

Gracia para Confiar y Soltar

La Cruz

En el nombre del Padre, y del Hijo
y del Espíritu Santo. **Amén.**

Ahora dice el Señor, que te ha creado, Jacob,
y el que te formó, Israel:
«No tengas miedo, porque te he redimido.
Te he llamado por tu nombre. Tú eres mío.
Cuando pases por las aguas, yo estaré contigo,
y por los ríos, no te desbordarán.
Cuando pases por el fuego, no te quemarás,
y la llama no te abrasará.

Porque yo soy el Señor tu Dios,
el Santo de Israel, tu Salvador.»
— *Isaías 43:1-3*

La Invitación

El que habita en el lugar secreto del Altísimo
descansará a la sombra del Todopoderoso.
Diré del Señor: «Él es mi refugio y mi fortaleza;
mi Dios, en quien confío.»
Porque él te librará de la trampa del cazador,
y de la mortífera peste.
Te cubrirá con sus plumas.
Bajo sus alas te refugiarás.
Su fidelidad es tu escudo y baluarte.
No temerás el terror de la noche,
ni de la flecha que vuela de día.
Porque pondrá a sus ángeles a cargo de ti,
para guardarte en todos tus caminos.
Ellos te llevarán en sus manos,
para que no se estrelle el pie contra una piedra.
Pisarás el león y la cobra.
Pisotearás al león joven y a la serpiente.
«Porque ha puesto su amor en mí, por eso lo libraré.
Lo pondré en alto, porque ha conocido mi nombre.
Me invocará, y yo le responderé.
Estaré con él en los problemas.
Lo libraré y lo honraré.
Lo satisfaré con una larga vida,
y mostrarle mi salvación.»
— *Salmo 91:1-5, 11-16*

Las Cuentas Cruciformes

En la noche en la que fue traicionado,
nuestro Señor Jesucristo rezó:

«Padre mío, si es posible, haz que pase de mí esta copa;
pero no lo que yo quiero, sino lo que tú quieres.»
— *Mateo 26:39*†

Las Semanas

Oren sin cesar.
Es fiel el que los llama a ustedes.
— *1 Tesalonicenses 5:17, 24*

después de la séptima cuenta:
Gloria al Padre, y al Hijo
y al Espíritu Santo.
**Como era en el principio, ahora y siempre,
por los siglos de los siglos. Amén.**

El Despido

En tu mano, oh Señor, encomiendo mi espíritu.
En tu mano, oh Señor, encomiendo mi espíritu.
Pues tú me has redimido, Señor, Dios de la verdad.
Encomiendo mi espíritu.
Guárdame, oh Señor, como la niña de tus ojos.
Escóndeme bajo la sombra de tus alas.
En tu mano, oh Señor,
encomiendo mi espíritu.
— *Completas: Salmo 31:5*†; *Salmo 17:8*†

En el nombre del Padre, y del Hijo
y del Espíritu Santo. **Amén.**

La Cruz

En el nombre del Padre, y del Hijo
y del Espíritu Santo. **Amén.**

En el principio,
Dios creó los cielos y la tierra.
La tierra estaba sin forma y vacía.
Las tinieblas estaban en la superficie de las profundidades
y el Espíritu de Dios se cernía
sobre la superficie de las aguas.
Dios dijo: «Que se haga la luz»,
y se hizo la luz.
Dios vio la luz
y vio que era buena.
— *Génesis 1:1-4*

La Invitación

Hermanos y hermanas,
todo lo que es verdadero,
todo lo que es honorable,
todo lo que es justo,
todo lo que es puro,
todo lo que es hermoso,
todo lo que es de buena reputación:
si hay alguna virtud y si hay algo digno de alabanza,
piensen en estas cosas.
— *Filipenses 4:8*

Las Cuentas Cruciformes

Amados, ahora somos hijos de Dios.
Todavía no se ha revelado lo que seremos;

pero sabemos que, cuando él se revele,
seremos como él; porque lo veremos tal como es.
Todo el que tiene esta esperanza puesta en él se purifica,
así como él es puro.
— *1 Juan 3:2-3*

o

En esto se ha manifestado el amor de Dios en nosotros,
que ha enviado a su Hijo unigénito al mundo,
para que vivamos por él.
En esto consiste el amor:
no en que nosotros hayamos amado a Dios,
sino en que él nos amó a nosotros.
— *1 Juan 4:9-10*†

Las Semanas

Hijitos míos, no amemos sólo de palabra,
ni sólo con la lengua, sino de obra y en verdad.
— *1 Juan 3:18***

después de la séptima cuenta:
Gloria al Padre, y al Hijo
y al Espíritu Santo.
Como era en el principio, ahora y siempre,
por los siglos de los siglos. Amén.

El Despido

Dios sea en mi cabeza,
y en mi entendimiento.
Dios sea en mis ojos,
y en mi mirada.
Dios sea en mi boca,
y en mi habla.

Dios sea en mi corazón,
y en mi pensamiento.
Dios sea en mi final,
y en mi partida.
— *La Oración de Sarum*

En el nombre del Padre, y del Hijo
y del Espíritu Santo. **Amén.**

~

Perdón

La Cruz

En el nombre del Padre, y del Hijo
y del Espíritu Santo. **Amén.**

Padre nuestro,
que estás en el cielo,
santificado sea tu nombre.
Venga tu reino;
hágase tu voluntad
en la tierra como en el cielo.
Danos hoy nuestro pan de cada día.
Perdona nuestras ofensas,
como también nosotros perdonamos
a los que nos ofenden.
No nos dejes caer en la tentación,
y líbranos del mal.
Porque tuyo es el reino, el poder y la gloria,
ahora y por siempre. Amén.

La Invitación

No dejen ustedes que se ponga el sol sobre su ira,
y no den lugar al diablo.

Que no salga de su boca ninguna palabra corrupta,
sino sólo lo que es bueno para edificar, a fin de dar gracia.
No entristezcan al Espíritu Santo de Dios,
en quien fueron sellados.
Aparten de ustedes toda amargura, ira y malicia.
Sean bondadosos unos a otros, tiernos de corazón,
perdonándose mutuamente,
como también Dios los perdonó a ustedes en Cristo.
— *Efesios 4:26, 28-32*

Las Cuentas Cruciformes

Oh Cordero de Dios, que quitas los pecados del mundo:
ten piedad de nosotros.
Oh Cordero de Dios, que quitas los pecados del mundo:
ten piedad de nosotros.
Oh Cordero de Dios, que quitas los pecados del mundo:
concédenos tu paz.
— *Agnus Dei*□†

Las Semanas

Se puede reflexionar y entregar peticiones específicas.

Crea en mí un corazón limpio, oh Dios;
renueva un espíritu recto dentro de mí.
— *Salmo 51:10*†

después de la séptima cuenta:
Gloria al Padre, y al Hijo
y al Espíritu Santo.
**Como era en el principio, ahora y siempre,
por los siglos de los siglos. Amén.**

El Despido

Vengan a mí,
todos los que están fatigados y agobiados,
y yo los haré descansar.
Lleven mi yugo y aprendan de mí,
que soy manso y humilde de corazón;
y encontrarán descanso para sus almas.
Porque mi yugo es fácil,
y mi carga es ligera.
— *Mateo 11:28-30*

En el nombre del Padre, y del Hijo
y del Espíritu Santo. **Amén.**

∽

IN MEMORIAM

La Cruz

En el nombre del Padre, y del Hijo
y del Espíritu Santo. **Amén.**

Pero las almas de los justos están en la mano de Dios,
y ningún tormento los tocará.
A los ojos de los necios parecían haber muerto.
Su salida se consideró un desastre,
y sus viajes lejos de nosotros una calamidad,
pero están en paz.
El Señor reinará sobre ellos para siempre.
Los que confían en él entenderán la verdad.
Los fieles vivirán con él en el amor,
porque la gracia y la misericordia están con sus elegidos.
— *Sabiduría de Salomón 3:1-3, 8-9*

La Invitación

He aquí que la morada de Dios está con los pueblos;
y él habitará con ellos,
y ellos será su pueblo,
y Dios mismo estará con ellos como su Dios.
Enjugará toda lágrima de sus ojos.
La muerte ya no existirá,
ni habrá más luto, ni llanto, ni dolor.
Las primeras cosas han pasado.
— *Apocalipsis 21:3-4*

Las Cuentas Cruciformes

Estoy convencido de que ni la muerte, ni la vida,
ni los ángeles, ni los principados,
ni lo presente, ni lo futuro,
ni las potencias,
ni la altura, ni la profundidad,
ni ninguna otra cosa creada
podrá separarnos del amor de Dios
que está en Cristo Jesús, nuestro Señor.
— *Romanos 8:38-39*

Las Semanas

Al principio de cada Semana, se ora lo siguiente:

Padre de todos los seres humanos, te rogamos por _____,
y por todos nuestros seres queridos que ya no vemos.
— *Exequias*♦

Entonces, siete veces esta oración, una por cuenta, como siempre:

Concédele, oh Señor, descanso eterno,
y que brille sobre *él/la* la luz perpetua.

después de la séptima cuenta:
Gloria al Padre, y al Hijo
y al Espíritu Santo.
Como era en el principio, ahora y siempre,
por los siglos de los siglos. Amén.

El Despido

El Señor asignó mi porción y mi copa.
Hiciste que mi suerte fuera segura.
Las líneas me han caído en lugares agradables.
Sí, tengo una buena heredad.
Bendeciré al Señor, que me ha aconsejado;
mi corazón me instruye en las estaciones nocturnas.
He puesto al Señor siempre delante de mí.
Porque él está a mi diestra, no seré conmovido.
Por eso mi corazón se alegra y mi lengua se regocija.
Mi cuerpo también habitará en seguridad.
Porque no dejarás mi alma en el Seol,
ni permitirás que tu santo vea la corrupción.
Me mostrarás el camino de la vida.
En tu presencia hay plenitud de alegría.
En tu mano derecha hay placeres para siempre.
— *Salmo 16:5-11**※

Dale descanso, Señor, a tu *siervo/a* entre tus santos y santas,
donde no hay penas ni dolor,
sino vida eterna.
— *Exequias*♦

En el nombre del Padre, y del Hijo
y del Espíritu Santo. **Amén.**

～

Toma de Decisión

La Cruz

En el nombre del Padre, y del Hijo
y del Espíritu Santo. **Amén.**

Si, pues, han resucitado con Cristo,
busquen las cosas de arriba, donde está Cristo,
sentado a la diestra de Dios.
— *Colosenses 3:1**※

La Invitación

El Señor es mi pastor;
No me faltará nada.
Me hace descansar en verdes praderas.
Me conduce junto a aguas tranquilas.
Él restaura mi alma.
Me guía por las sendas de la justicia por amor a su nombre.
Aunque camine por el valle de la sombra de la muerte,
no temeré ningún mal, porque tú estás conmigo.
Tu vara y tu cayado,
me reconfortan.
Preparas una mesa ante mí
en presencia de mis enemigos.
Unges mi cabeza con aceite.
Mi copa se llena.
Ciertamente la bondad y el amor me seguirán
todos los días de mi vida,
y habitaré en la casa del Señor para siempre.
— *Salmo 23*

Las Cuentas Cruciformes

Que las palabras de mi boca
y la meditación de mi corazón
sean aceptables a tus ojos, oh Señor,
mi roca y mi redentor.
— *Salmo 19:14*

Las Semanas

Al principio de cada Semana, se puede reflexionar en la petición o hablarla en voz alta.

Envía tu luz y tu verdad; deja que me guíen.
Deja que me lleven a tu santa colina, a sus tiendas.
— *Salmo 43:3*

después de la séptima cuenta:
Gloria al Padre, y al Hijo
y al Espíritu Santo.
**Como era en el principio, ahora y siempre,
por los siglos de los siglos. Amén.**

El Despido

Bendeciré al Señor, que me ha aconsejado;
mi corazón me instruye en las estaciones nocturnas.
He puesto al Señor siempre delante de mí.
Porque él está a mi diestra, no seré conmovido.
Por eso mi corazón se alegra y mi lengua se regocija.
Mi cuerpo también habitará en seguridad.
— *Salmo 16:7-9*※

En el nombre del Padre, y del Hijo
y del Espíritu Santo. **Amén.**

Tiempos de Cambio

La Cruz

En el nombre del Padre, y del Hijo
y del Espíritu Santo. **Amén.**

Cuando el Espíritu de la verdad haya venido,
los guiará a ustedes a toda la verdad.
Él les anunciará las cosas que se avecinan.
Él me glorificará,
porque tomará de lo mío
y se lo declarará.
Un poquito, y no me verán;
y otra vez un poquito, y me verán.
— *Juan 16:13-14*; v. 16**

La Invitación

Para todo hay un tiempo,
y un tiempo para cada propósito bajo el cielo:
un tiempo para nacer, y un tiempo para morir;
un tiempo para plantar,
y un tiempo para arrancar lo que está plantado;
un tiempo para matar, y un tiempo para sanar;
un tiempo para romper, y un tiempo de edificar;
un tiempo para llorar, y un tiempo para reír;
un tiempo para llevar luto, y un tiempo para bailar;
un tiempo para tirar piedras, y un tiempo para juntar piedras;
un tiempo para abrazar, y un tiempo para abstenerse de abrazar;
un tiempo para buscar, y un tiempo para perder;
un tiempo para guardar, y un tiempo para desechar;
un tiempo para rasgar, y un tiempo para coser;
un tiempo para guardar silencio, y un tiempo para hablar;

un tiempo para amar, y un tiempo para odiar;
un tiempo de guerra, y un tiempo de paz.
— *Eclesiastés 3:1-8†*

Las Cuentas Cruciformes

En tu mano, oh Señor, encomiendo mi espíritu;
pues tú me has redimido, Señor, Dios de la verdad.
Confío en ti, oh Señor. Te dije: «Tú eres mi Dios.»
Mis tiempos están en tu mano.
— *Salmo 31:5, 14-15†*

Las Semanas

Al principio de cada Semana, se puede reflexionar en la petición o hablarla en voz alta.

Tu palabra es una lámpara para mis pies
y una luz para mi camino.
— *Salmo 119:105*

después de la séptima cuenta:
Gloria al Padre, y al Hijo
y al Espíritu Santo.
Como era en el principio, ahora y siempre,
por los siglos de los siglos. Amén.

El Despido

Pero el Dios de toda gracia,
que les llamó a ustedes a su gloria eterna por Cristo Jesús,
después de que hayan sufrido un poco,
los perfeccione, establezca, fortalezca y asiente.
A él sean la gloria y el poder
por los siglos de los siglos. Amén.
— *1 Pedro 5:10-11*

En el nombre del Padre, y del Hijo
y del Espíritu Santo. **Amén.**

~

Justicia Social

La Cruz

En el nombre del Padre, y del Hijo
y del Espíritu Santo. **Amén.**

La religión pura y sin tacha ante nuestro Dios y Padre es ésta:
visitar a los huérfanos y a las viudas en su aflicción,
y mantenerse sin mancha del mundo.
— *Santiago 1:27*[†]

La Invitación

Mi alma engrandece al Señor,
y mi espíritu se alegra en Dios mi Salvador;
pues ha mirado la bajeza de su sierva;
he aquí, a partir de ahora,
todas las generaciones me llamarán dichosa.
El Poderoso me ha hecho grandes cosas,
y santo es su nombre.
Su misericordia es de generación a generación
sobre los que le temen.
Ha demostrado el poder de su brazo;
ha esparcido a los orgullosos
de la imaginación de sus corazones.
Ha derribado a los príncipes de sus tronos,
y ha exaltado a los humildes.
Ha colmado de bienes a los hambrientos,
y ha despedido a los ricos con las manos vacías.
Ha dado ayuda a Israel, su siervo,
acordándose de la misericordia,

como habló a nuestros padres,
a Abrahán y a su simiente para siempre.
— *Magnificat, Lucas 1:46-55*※□†

Las Cuentas Cruciformes

Te daré como luz a las naciones,
para que seas mi salvación hasta el fin de la tierra.
— *Isaías 49:6*

Las Semanas

Al principio de cada Semana, se puede reflexionar en la petición o hablarla en voz alta.

Que la justicia fluya como los ríos,
y la rectitud como una corriente poderosa.
— *Amós 5:24*†

después de la séptima cuenta:
Gloria al Padre, y al Hijo
y al Espíritu Santo.
**Como era en el principio, ahora y siempre,
por los siglos de los siglos. Amén.**

El Despido

Los justos le responderán al Rey diciendo:
«Señor, ¿cuándo te vimos hambriento y te dimos de comer,
o sediento y te dimos de beber?
¿Cuándo te vimos como forastero y te acogimos,
o desnudo y te vestimos?
¿Cuándo te vimos enfermo o en la cárcel
y acudimos a ti?»
El Rey les responderá:
«Les aseguro que porque lo hicieron

a uno de estos mis hermanos pequeñitos,
lo hicieron a mí.»
— *Mateo 25:37-40*†

En el nombre del Padre, y del Hijo
y del Espíritu Santo. **Amén.**

∽

Las Cosas que No Podemos Compartir

La Cruz

En el nombre del Padre, y del Hijo
y del Espíritu Santo. **Amén.**

Si digo: «Seguramente las tinieblas me abrumarán,
y la luz que me rodea se convertirá en la noche»,
ni siquiera la oscuridad se esconde de ti, oh Señor;
la noche brilla como el día;
la oscuridad y la luz, para ti, son iguales.
— *Salmo 139:10-11*†

La Invitación

Yo soy la luz del mundo;
quien me siga no caminará en la oscuridad,
sino que tendrá la luz de la vida.
— *Juan 8:12*†

No tengas miedo, porque te he redimido.
Te he llamado por tu nombre. Tú eres mío.
— *Isaías 43:1*

Las Cuentas Cruciformes

Nuestro socorro está en el nombre del Señor;
que hizo los cielos y la tierra.
— *Oración de la Noche (Completas)*◆

Las Semanas

Cristo conmigo,
Cristo a mi lado,
Cristo delante de mí,
Cristo detrás de mí.
— *La Lorica de San Patricio*

después de la séptima cuenta:
Gloria al Padre, y al Hijo
y al Espíritu Santo.
Como era en el principio, ahora y siempre,
por los siglos de los siglos. Amén.

El Despido

En tu mano, oh Señor, encomiendo mi espíritu;
pues tú me has redimido, Señor, Dios de la verdad.
Guárdame, oh Señor, como la niña de tus ojos.
Escóndeme bajo la sombra de tus alas.
— *Completas: Salmo 31:5*†*; Salmo 17:8*†

En el nombre del Padre, y del Hijo
y del Espíritu Santo. **Amén.**

∽

Cuando no Sabemos qué Rezar

La Cruz

En el nombre del Padre, y del Hijo
y del Espíritu Santo. **Amén.**

Padre nuestro,
que estás en el cielo,
santificado sea tu nombre.
Venga tu reino;
hágase tu voluntad
en la tierra como en el cielo.
Danos hoy nuestro pan de cada día.
Perdona nuestras ofensas,
como también nosotros perdonamos
a los que nos ofenden.
No nos dejes caer en la tentación,
y líbranos del mal.
Porque tuyo es el reino, el poder y la gloria,
ahora y por siempre. Amén.

La Invitación

Oh, que la tierra bendiga al Señor:
alábenlo, y ensálcenlo para siempre.
Montes y colinas, bendigan al Señor,
y todas las cosas que crecen en la tierra:
alábenlo, y ensálcenlo para siempre.
Mar, ríos y manantiales, bendigan al Señor;
oh, ballenas y todo lo que se mueve en las aguas.
Aves del cielo, bendigan al Señor:
alábenlo, y ensálcenlo para siempre.
Todas las bestias del campo, bendigan al Señor;
y todos los animales del pasto.

Hijos y hijas de los seres humanos por todo el mundo,
bendigan al Señor:
alábenlo, y ensálcenlo para siempre.
— *El Cántico de los Tres Jóvenes 35-36, 61-62*□#†, ◊‡

Las Cuentas Cruciformes

Que las palabras de mi boca
y la meditación de mi corazón
sean aceptables a tus ojos, oh Señor,
mi roca y mi redentor.
— *Salmo 19:14*

o

Tuyo es el día, tuya también la noche;
la luna y el sol tú estableciste.
Tú fijaste los límites del mundo;
hiciste el invierno y el verano.
— *Salmo 74:15-16*♦

Las Semanas

Se ora uno de las oraciones siguientes, según la hora del día.

en la mañana:

Temprano en la mañana,
a ti se eleva nuestro cántico.
— *Holy! Holy! Holy! (Reginald Heber, 1826)*‡

al mediodía:

Me alegré cuando me dijeron,
«¡Vamos a la casa del Señor.»
— *Salmo 122:1*

en la tarde:

Que mi oración sea puesta ante ti como incienso,
la elevación de mis manos como el sacrificio de la tarde.
— *Salmo 141:2*

en la noche:

Guíanos, Señor, despiertos, y guárdanos dormidos;
que, despiertos, velemos con Cristo,
y, dormidos, descansemos en paz.
— *Oración de la Noche (Completas)*◆

después de la séptima cuenta:
Gloria al Padre, y al Hijo
y al Espíritu Santo.
Como era en el principio, ahora y siempre,
por los siglos de los siglos. Amén.

El Despido

La gracia del Señor Jesucristo,
el amor de Dios
y la comunión del Espíritu Santo
sean con todos nosotros, para siempre.
— *2 Corintios 13:14*†

o

Que el Dios de la esperanza
nos llene de toda alegría y paz en la fe
por el poder del Espíritu Santo.
— *Romanos 15:13*†

En el nombre del Padre, y del Hijo
y del Espíritu Santo. **Amén.**

Acerca del Autor

El Rvdo. Dr. William Ingle-Gillis es un sacerdote parroquial que sirve en la Heart of Monmouthshire Ministry Area (Área Ministerial del Corazón de Monmouthshire) en Gales del Sur, y también como Director Asistente de Vocaciones de la Diócesis de Monmouth. Un texano criado en Georgia, se mudó al Reino Unido en 1996 y se quedó para ser ordenado en 2004. Todo su ministerio parroquial ha transcurrido en Gales del Sur.

Hace muchos años, William estudió alemán y luego religión en la Universidad Baylor en Waco, Texas; teología sistemática en el Colegio del Rey, Londres; y específicamente para el sacerdocio en la Casa Westcott, Cambridge. Durante unos años, enseñó teología y ética a los ordenandos en el Colegio San Miguel, Llandaff (ahora el Instituto San Padarn) en Cardiff. Antes de su puesto actual, ha servido en parroquias en Caldicot, Caerwent, Penhow y Newport.

Como sacerdote en la tradición liberal y católica del anglicanismo, el Padre William concede mucha importancia a los sacramentos, la liturgia, la exploración espiritual y, lo más importante, a la generosidad y la bondad hacia todos los que cruzan nuestros umbrales, sin importar si creen en Dios, su sexualidad, su género, su vida pasada... a nada. Todos, todas, todes son bienvenidos.

Casado con la Rvda. Sally Ingle-Gillis, la pareja tiene una gran familia compuesta por dos hijas, cuatro hijos, dos gatos y hasta una tortuga. Sus intereses incluyen la ciencia ficción, los idiomas, la barbacoa de Texas (pecho de res) y de Georgia (cerdo picado), las computadoras y aparatos, la comedia al estilo de *Futurama* o *Rick & Morty*, la música en general y, en particular, de Texas y México. Y, una vez más, los gatos... cada gato... ¡todos los gatos!

www.ingramcontent.com/pod-product-compliance
Lightning Source LLC
LaVergne TN
LVHW041219080426
835508LV00011B/1008